Contracandela

Colección

CÍRCULO HUECO

dirigida por

Paco Ignacio Taibo II

«Porque en el círculo hueco que ciñe las sienes mortales de un rey tiene la Muerte su corte»

El Rey Ricardo II, acto III
William Shakespeare

CONTRACANDELA

DANIEL CHAVARRÍA
JUSTO VASCO

THA
SSÀ
LIA

(Oficina técnica) Iradier, 19-21, 08017 Barcelona,
Tel. (93) 211 46 12, Fax: (93) 417 91 73

Diseño: Counterfort

ISBN: 84-8237-019-7
Depósito Legal: B. 27.670 - 1995
Impreso por Romanyà/Valls, S.A.
Verdaguer, 1, 08786 Capellades
Printed in Spain

NOTA DE LOS AUTORES

A finales de 1983, estimulados por el éxito de la primera novela que habíamos escrito a cuatro manos –*Completo Camagüey*–, nos decidimos a probar suerte de nuevo en el mismo concurso. Las bases del certamen, que en aquellos momentos aceptamos sin sombra de dudas, preveían, de manera explícita, un enfoque didáctico de la lucha contra el delito en Cuba, así como un tratamiento laudatorio de las fuerzas que, en la isla, se enfrentan al delito y los delincuentes. De esa manera fue escrita *Primero muerto...*, que alcanzó también el máximo galardón del concurso, se publicaron ochenta y cinco mil copias que desaparecieron de las librerías en poco más de dos semanas, y recibió elogios de críticos y colegas. Algunos llegaron a decir que su protagonista, Tony Santa Cruz, era el mejor personaje (negativo, por supuesto) de la novela policial cubana. Otros...

Otros, lectores cómplices, amigos o no tanto, se nos acercaron francamente o dando rodeos. El cuestionamiento era siempre el mismo: el triunfo de la ley sobre Tony Santa Cruz, su captura, condena y ejecución, no significaban el triunfo de la justicia en su esencia ética. El personaje, que a lo largo de la novela comenzaba a dignificarse y a rechazar su animalidad de lumpen acorralado, era el único, y el menos culpable, en quien se centraba el castigo de la sociedad. En fin, Tony Santa Cruz era víctima del «enfoque didáctico» y el «tratamiento laudatorio a los agentes del orden».

Han transcurrido casi diez años, varias novelas, y una crisis de papel que parece se prolongará en Cuba. Los autores nos hemos vuelto más viejos y menos incautos. Ya no enviamos novelas a concursos con exigencias didácticas o laudatorias. Y hace mucho nos dimos cuenta de que no existen personajes «positivos» o «negativos», sólo existen hombres inmersos en sus circunstancias, variadas y disímiles como la propia existencia humana.

Es, a partir de estos presupuestos, y –lo reconocemos– muy influidos por la corriente de la nueva novela policial en lengua castellana, donde triunfa mayormente la verdad sobre los buenos deseos o la preceptiva, que nos decidimos a retomar el hilo esencial de *Primero muerto...*, dejando que Tony Santa Cruz y Margaret Gaylord tracen ellos mismos los tortuosos caminos de sus vidas, con sólo un poco de ayuda nuestra para poner en orden los episodios. Así nació *Contracandela.*

A los lectores que conocen *Primero muerto...*, les aseguramos que están en presencia de una nueva novela, con muchas coincidencias en las primeras cien páginas. Y que la van a disfrutar mucho más que la otra. A nosotros nos pasó lo mismo.

Justo E. Vasco
Daniel Chavarría

PRIMERA PARTE

1

Los ronquidos de Margaret te despiertan. Tú la sacudes suave, como ella te ha pedido. Pero el ruido no para. Y enturbia la luz del amanecer. Sales al balcón. Desde el octavo piso, la piscina iluminada te recuerda algo que ya has vivido.

¿Vivido?

Imposible. ¿Cuándo has dormido tú en un hotel de lujo con una hembra de lujo? Un comemierda como tú sólo se asoma a la jailaif desde la oscuridad, desparramado en una butaca de cine.

Vuelves a la cama. Extiendes la mano para despertarla con caricias. No. Mejor déjala dormir. Y tú, ve pensando lo que le vas a decir. Dale cráneo a la cosa. Hoy mismo tienes que entrarle. Una oportunidad como ésta no se te vuelve a presentar más nunca.

Lo primero es ser fino con ella. Pero nada de bajarle trova de amor y el cará. Esa tipa no come cuento. Éntrale más bien por el lado de la astilla. Ella misma te ha dicho que le gusta la buena vida, y que cuando se divorció del gringo ricachón, vino a Cuba para ganar muchos pesos. Y seguro que cuando sepa lo que tú tienes guardado, entra por el aro. Y tú, ahí, en plan de negocios, le ofreces su tajá y que ella te resuelva la salida del país y más na. La singueta por un lado y los negocios por otro. Y ninguna trova.

¡Cojones, qué manera de roncar! Parece un serrucho.

Pero la verdá es que está buena: nalgas paradas, cara suave y tremenda balconería.

¿Tus ronquidos? ¡Qué va, chica! Ni me doy cuenta. No, ninguna amabilidá. Lo que pasa es que tú roncas muy parejo. Eso mismo, con tremendo ritmo, y es como si a uno lo estuvieran acunando ¿m'entiendes? ¿Tú te ríes? Yo te hablo en serio, chica. Porque si tú roncas disparejo..., quiero decir, vaya, un ronquido largo y otro corto, y una vez sí y dos no, y en uno silbas y en otro resoplas, eso no se lo aguanta nadie, pero lo tuyo es tremendo ritmo, y ya tú sabes, a los cubanos eso nos priva. Jaaaa, ja ja, no chica, no me andes por ahí ahora, que todavía tengo el jamón y los huevos fritos en el estómago. ¿Ah, no le tienes miedo? Pues yo sí. Tremendo respeto, lo mismo que al mar. Siempre dejo pasar dos horas antes de tirarme. Ya una vez pasé un susto, por sacar un pulpo. Me tiré de cabeza y sentí una puntada aquí y un calambre en la boca del estómago que empecé a doblarme, y si no es por un pescador que se dio cuenta... Sí, cómo no, pulpos, calamares, de todo. Yo pesco desde los siete años. En Isabela, mi pueblo, al norte de Las Villas. Sí, la afición y la necesidá. No, no es que fuéramos tan pobres, pero mi padre era un equivocado, un tipo muy bruto. ¿Él? Bueno, era un guajiro fuertón, de pelo colorado como el tuyo. Y cuando perdió la finca, se ligó con un político que lo trajinó toda la vida... Bueno, trajinar quiere decir que te engañan, que te cuentean, ¿m'entiendes? El tipo era una fiera, y como mi viejo era guapo, lo puso a repartir chapas de estibador en el muelle. En esa época cualquier muerto de hambre trabajaba por la mitad del salario. En mi pueblo les decíamos caballitos. Y al que repartía las chapas y chuleaba a la gente le decían caballón. Eso era mi padre. Un caballón. Él daba la cara, maltrataba a la gente, y la ganancia se la llevaba el cabrón politiquero. Hasta que un día un obrero le metió una puñalada a mi viejo. Y por eso yo tuve que ponerme a pescar. Yo tenía nueve años. La vieja de sirvienta y lavandera y yo pescando pa comer. Y entonces, viendo lo que le había pasado al viejo mío, díjeme yo, qué va: primero muerto que trajinao. Y ése es mi lema en la vida. Al que me joda lo parto.

Y el Tuerto diciéndote, ven aquí papito lindo que no te voy a hacer na, pero tú ibas armado, y sabías que el Tuerto te tenía preparada una encerrona pa cogerte las nalgas en la letrina del vivac. Te lo había dicho Tulipán y te había pasado un mango de cuchara afilado. Mira muchacho, coge, defiéndete. Y se lo enterraste en la garganta, y después se lo dejaste en la barriga, y el Tuerto desangrándose, ojos botados, y nadie supo quién había sido. Pero antes de salir en libertad, te enteraste de que Tulipán se la tenía jurada al Tuerto y que te había dado cranque para que tú lo mataras. Y a Tulipán lo cogiste en Remedios. Fuiste na más que pa cobrársela. Te hiciste el que lo encontrabas por casualidad. Vaya, Tony ¿tú por aquí? Sí chico, lo que pasaba era que andabas en un bisne facilito, que daba pesos cantidá, y si Tulipán te podía hacer algún contacto en el pueblo tú lo tocabas bien sabroso, y en Remedios nadie conocía al rubio alto que anduvo en compañía de Tulipán la víspera del día en que apareció degollado en un callejón. Nadie puede imaginarse lo que tú sientes cuando alguien te trajina. Pero aguanta, que ya hoy estuviste hablando mierda. ¿Pa qué coño te pusiste a decirle a ella que ibas a partir al que quisiera engañarte? Si te llega a coger miedo puede jodérsete el negocio. Aunque en el fondo está bien, chico. Por lo menos, que vaya sabiendo cómo es la moña contigo.

No, después de aquello ya no fui más a la escuela. En Isabela hice hasta el octavo grado. No, nunca más me metí en nada contra la Revolución. Me fui pa l'Habana un tiempo. Después llevé a mamá. Fuimos a vivir en casa de mi tío Jacinto, un borracho perdido. Resulta que los hijos se le habían ido del país y la mujer se le envenenó. Y entonces mi mamá lo atendía un poco. Él era plomero. No, yo no quise trabajar pa'l gobierno. Ésos son los que más lo trajinan a uno. Mucha promesa y blablá, te piden sacrificios y nunca ves resultados. Y yo empecé a ganar plata pescando clandestino. Ya estaba juntando pa comprar un cuarto y poder irnos de casa de Jacinto. Todo lo había vendido para bebérselo, y yo, pa que mi vieja tuviera donde cocinar, me tuve que robar una puerta de un almacén desocupado. ¿Pero de dónde sacaste eso muchacho? Coño, vieja, no hay lío, la tenían tirá por ahí, y fíjate, caoba, mañana consigo un serrucho y vas a ver qué mesa te hago. Y Jacinto había vendido hasta el inodoro, y lo peor es que llegaba curda perdido y se vomitaba en la cama y veía animales y fantasmas y gritaba, y yo lo que tenía eran ganas de estrangularlo, pero por suerte lo arrolló un carro en Quinta Avenida. Al cementerio fuimos en el cortejo la vieja, yo, y más nadie. Y ella llorando, y diciendo que el pobre no era malo. Qué pobre ni pobre, curda asqueroso. Y desde entonces la vieja vivió más tranquila y tuvo su cuarto y yo el mío. Y entonces cuando ya estoy enderezándome y tengo mi clientela pa vender pescao, me llaman del servicio militar. Y mamá, ¡ay, por tu vida, hijo, pórtate bien! Pero yo me fugué dos veces, y en una me llevé un camión del ejército y me agarraron en Matanzas y me mandaron a cumplir un año de castigo en una granja, y en julio del setenta y uno me licenciaron y cuando vuelvo a pescar, los perros me decomisan la escopeta... Sí, eso, así les decimos a los guardafronteras que patrullan en lancha. Sí, me la decomisaron por pescar sin carné. El dado se había puesto malo para la pesca. Y tuve que echar pa otra zona, pero siempre con los perros atrás. Y cuando la cosa aflojó un poco, volví a pescar en el barrio, pero con nasas... Bueno, son como jaulas que uno pone en el mar, con una carnada para que el pescado entre. Anjá. Y un día descubro que dos muchachos me pirateaban las nasas... Sí, que me robaban el pescado. Me estaban trajinando. Una tarde me puse a velarlos desde atrás de unas rocas. Y cuando los vi que estaban sacando unas langostas que habían caído en la nasa, me les aparecí nadando por debajo, y subí como un cuete p'arriba y los picotié todos con el arpón, y ellos gritando, ay, por tu madre, chico, no me mates, y yo me di banquete con el arpón, por el pecho, por la espalda, por los hombros, y me les metía por debajo, y por arriba, y ya los tenía medio ahogados, cada uno se había tragao como diez buches de agua, y eso fue lo que más me hundió en el juicio, porque me acusaron de alevosía. Sí, claro, en la costa había gente pescando y bañándose y se formó tremendo alboroto cuando me vieron allí, bestializao. Sí, la verdá que me ensañé. A uno, hubo que hacerle respiración boca a boca y los dos soltaban sangre que era un fenómeno. Los del barrio llamaron a una ambulancia. Y por eso cumplí dos años. Sí, completicos. Si me hubiera metido en el jelengue ese de la reeducación habría estado mucho menos, pero yo no quise, ni eso ni oírle descargas a ningún guardia. Se me partía el corazón de ver a la vieja ir a la cárcel a llevarme cigarros, un dulce, una pizza. Y no hacía más que rezarle a Santa Bárbara. ¿Adentro? Nada. Después de dos broncas que tuve nadie se metió conmigo. Y cuando salí, y volví a poner nasas en la costa, podía irme tranquilo que ya nadie me las iba a piratear. Y así fue como volví a levantar presión y a ganar plata. No, yo siempre solo. En la cárcel leí mucho y siempre mantuve la costumbre. Sí, eso y el cine... ¿Estable? No jodas, chica. Eso no es pa mí. En la costa siempre hay tres o cuatro putas pa meterles mano. Bueno, contigo es distinto, claro.

¿Fue en el setenta y siete? Sí, poco antes de los carnavales. O trabajas o vas preso por vago, te había dicho Crescencio. Y el CDR no te perdía pisada. Y cuando ya viste que ibas de cabeza pa otra granja, fuiste a sentarte en el muro del malecón y estuviste pensando hasta la madrugada. Qué coño, ya tenías veintinueve años y estabas harto de vivir a la deriva, como un comemierda iluso, templando guaricandillas, era hora de ver qué coño ibas a hacer en la vida... Y allí legislaste que sólo tenías tres caminos: agachar la cabeza y ponerte a trabajar pa'l gobierno como decía tu madre, fachar al duro y partir al que se atravesara, o pirarte de Cuba. Y allí, sentado en el muro, ran, craneando la cosa hasta el amanecer, viste que la onda esa de portarte bien, no iba a funcionar contigo, coño, tú no eras el Majúa ni Jorgito, que no llevaban ni una semana en cana y ya andaban averiguando como era la volá esa de la reeducación, tú te sonaste los dos años sin pedirle un tain a nadie, y ahora no te da la gana saludarlos cuando los ves al timón de la guagua; y lo de vivir del robo y la puñalá tampoco te cuadraba porque a la larga siempre te cazan, y así viste que como único arreglabas tu vida era yéndote de Cuba pa la Yuma, y te pasaste después varios días dándole taller a la cosa, pero te diste cuenta de que sin la pura no ibas a poder pirarte, no la ibas a dejar sola, pobrecita, vieja y sin un pariente, qué va, adonde quiera que fueras, el remordimiento no te iba a dejar vivir, hasta que por fin se te ocurrió que lo mejor era meterte a basurero, y te acordaste de Rompecandao, cuando te dijo que en ese trabajo, si cumplías, nadie te jodía la vida, salías con tu carrito de madrugada, a un barrio donde nadie te conociera, y si pinchabas bien y rápido, a las diez de la mañana habías terminado, y viste que era cierto, y entonces fue cuando empezaste a ganar plata de verdá con el pescado, y a formar tu clientela, porque tenías toda la tarde libre y al ver que te habías puesto a trabajar ya nadie te jodió en el CDR, pero tú no desmayaste la idea de irte del país y fue cuando empezaste guillao los preparativos, y lo primero que se te ocurrió fue buscar la ayuda del Curro, que tenía tremenda deuda contigo, si no es por ti aquel día lo matan en el Combinao, pero tu le fuiste p'arriba a Chicho y al Juanelo y les diste una entrá e piñazos y patá, pa que todos supieran que no le tenías miedo a nadie y que a ti había que respetarte, y el Curro convencido de que tú lo hiciste por defenderlo a él, pero tú lo habías hecho, vaya, porque desde que entraste al Combinao, sabías que ibas a tener que fajarte con los guapos y sus tracatanes, y entonces te dio por defender al Curro de gratis, y desde ese día nadie se metió con él, y enseguida que se te ocurrió, fuiste a verlo a Cojímar, pa que te dijera en cuánto te conseguía un motor fuera'e borda, y en cuatro meses tú reuniste las mil quinientas cañas y ya se las ibas a llevar pa cerrar el negocio, y en eso, un día en que arponeaste un castero grandísimo en Miramar, se te acercaron dos tipos nadando, vestidos con trajes de goma, y entonces tú no sabías que se llamaban trajes isotérmicos, y los dos llevaban acualones a la espalda, y algo les llamó la atención del castero y cuando saliste a la costa ellos se pusieron a conversar contigo, y tú un poco huraño, sin saber quiénes eran, tremendos preguntones, que esto y lo otro, y que a qué profundidad lo habías cogido, y resultó que eran del Instituto de la Pesca, y te pidieron que fueras con ellos hasta el local del instituto, no, chico, coño, nadie te va a quitar el pescado, lo único que queremos es pesarlo y examinarle la vejiga natatoria, y tú fuiste con ellos nadando, y entre los tres remolcaron el pescado hasta el muellecito que tienen al fondo de la casona, y los viste quitarse los trajes, y ellos explicándote, sí, chico, mira, por aquí una tela enguatada y por afuera una goma especial, y eso mantiene constante la temperatura de tu piel aunque te pases veinte horas nadando en un mar helado, y mientras ellos abrían el castero y le examinaban las tripas, a ti se te ocurrió la idea aquella, y viste que entregaban los trajes en una taquilla donde un viejo se los recibía, y viste colgados como seis trajes más, y un montón de acualones, y cuando saliste del instituto ya habías encontrado la solución pa tu salida, sí, señor, nadando te ibas pa la Yuma, claro, facilito, y como a los dos días, fuiste a espiar el movimiento en el instituto, y llegaste como a la una de la noche, y sin necesidad de entrar viste que la puerta del cuartico estaba cerrada con un candado cualquiera, y te pasaste varios días estudiando el movimiento del local, de noche dejaban un sereno y más na, y la mayor parte del tiempo el tipo se la pasaba adentro, y en invierno no salía a la parte que daba al mar, claro, a nadie le gusta el frío y el oleaje que salpica, y además ¿quién iba a colárseles desde el mar? y viste que aquélla era tu oportunidad, y para que tu vieja no sospechara nada construiste un cubo de ladrillos y cemento, sí, vieja, es pa limpiar el pescado aquí y no formar tanta cagazón en la cocina, y dejaste sin hacer la cara de arriba, con el pretexto de que no te alcanzaron los materiales, y el doce de diciembre del ochenta y uno que había sido el cumpleaños de la vieja, te tiraste al mar junto al Ferreteros y nadaste suave hasta la calle 26, y todo se te dio de jamón, escogiste una noche sin luna ni oleaje, pero muy fría, y con dos palancazos saltó el candado, y agarraste el traje más grande que había, era de una marca japonesa, después te pusiste a tomarle el peso a los acualones y cogiste los que te parecieron más llenos, y media hora después cruzabas por Primera con la bolsa de lona al hombro, como hacías siempre cuando salías a pescar, y nadie te vio llegar a la casa, y esa noche guardaste los equipos bajo tu cama, y tu madre salió temprano para el hospital, y tú escondiste todo en el hueco, lo tapaste con cartón prensado y una rejilla de metal, y encima le tiraste una capa de cemento de dos pulgadas, y a los dos días, cuando viste que todo había fraguado lo más bien, con taladro y martillo, clavaste la tabla de caoba sobre la que trabajabas el pescado en la mesa de la cocina, y después apalabraste al Curro pa que él te conectara con algún pescador que te halara lejos de la costa y desde allí tú seguirías a nado hasta el límite de las aguas cubanas y te llevarías una balsa inflable y las pastillas contra los tiburones, te la ibas a jugar en el Canal de la Florida, y una vez en la Yuma, ibas a levantar la astilla que hiciera falta pa reclamar enseguida a la pura, pero en eso te encontraste las monedas y después ligaste a Margaret, y con esta jeba de tu lado, te has dado cuenta que la moña de la salida puede ser otra, mucho más fácil y sin tanto riesgo.

Bueno, chica, sí, lo pensé, pero yo no tengo en la Yuma a nadie que me reclame. Y pa que me den entrada hace falta que allá me pongan una fianza. ¿El sueldo mío? Noventidós pesos por mes. Sí, eso mismo, unos veinte dólares en bolsa negra, pero ¿cuánto tú te crees que yo le saco a las nasas que tengo por ahí? ¡Qué va! Nunca menos de seiscientos. No, en Miramar no vendo nada, toda mi clientela está en el Vedado. Y en la cuadra tengo a todo el mundo tranquilo porque a los del CDR les regalo algo de vez en cuando, y la verdá, ya la gente no está como antes, ya en el barrio nadie se mete conmigo, pero igual yo no soporto esto y me quiero ir. En pesos cubanos tengo mucha plata, hace años que estoy juntando pa cuando llegara este momento. Y yo no sé si en una llanta, en una balsa, nadando, como sea, pero yo de aquí me piro este año. ¿Tú? ¿En la oficina de los gringos? ¡Ay, chica, deja las manos quietas, no me andes por ahí ahora! ¡Uyy! Aguanta, no chica, no, aguanta quiere decir espera, no que me la aguantes, sígueme contando lo de los gringos, ay mamiiita, verdá que tú eres del carajo, bueno, sí, tenemos tiempo, si no quieres hablar ahora, dale, vacila ahí.

¡Coñóooo! Ésta sí que no te la esperabas. ¿Será verdá? Bueno, ya, no esperes más. En cuanto salga del baño, lánzate. No des más vueltas. Fíjate que ella misma te puso el tema. Te lo está sirviendo en bandeja. Cuéntale ya lo que le vas a contar. Esto ya es tuyo. Háblale de frente, de negocios, no jodas más, ella tiene que entender.

Eso mismo, como jaulas, pero nosotros les decimos nasas. No, más grandes, así más o menos, metro y pico de largo y medio metro de ancho. Anjá. Sí, pero dan mucho trabajo, hay que cargarlas, vigilarlas, pero déjame explicarte. Allí, en La Copa, donde yo vivo, los pescadores sueltan las nasas a una profundidad que puede ser de diez, quince y hasta de veinte brazas. Anjá, más de treinta metros, y cuanto más abajo vayas sacas animales más grandes, y entonces, ellos escogen un lugar y la dejan hundirse, amarradas de un cordel de nailon que tiene una boya en la punta, y cada pescador la deja bajo el agua, a una profundidá que le resulte cómoda pa después subirla. No no no, si un pescador sólo puede bucear con comodidá, un suponer, seis brazas, pero quiere poner la nasa a quince, usa un cordel de nueve, de modo que cuando la nasa llega al fondo, la boya con la punta del cordel le queda a seis de la superficie, y entonces cuando la nasa está cargá él bucea y hala p'arriba, ¿m'entiendes cómo es? y en general, todos ellos se marcan por dos puntos de la costa y nadan hasta el lugar donde saben que está su nasa, con una cámara de carro, lo más grande posible, montan la nasa encima de la cámara, y la sacan hasta la orilla, y allí terminan de matar el pescado, lo sacan, cambian las carnadas, y vuelven con la nasa para hundirla en su sitio. Sí sí, a la vista de todo el mundo, y ahí está el problema porque los cabrones muchachos ya saben más o menos por dónde está la nasa de cada uno, y como son tremendos nadadores van sin cámara ni na, y uno de ellos sube la nasa hasta un metro de la superficie y allí la aguanta bajo el agua, pa que nadie vea, mientras los otros, con un bichero, un gancho grande, ensartan el pescado más grande, y al sacarlo a presión viran la boca y se escapan los más chicos. No, a mí me respetan desde aquella vez, pero aunque quisieran, tampoco podrían piratearme, porque yo trabajo con otro estilo. ¿M'estás oyendo? Bueno, déjame los pelitos quietos, chica. Bueno, la verdá, en este pecho que a ti te gusta, ¿cuántos litros de aire tú crees que caben? Sí, le picaste cerca, tengo siete y medio, y eso me permite bajar veinte brazas y no necesito cámara, ni cordel ni un cará. ¿Veinte brazas? Son treinta y seis metros, que es bastante más que desde este piso hasta la piscina de allá abajo. No, chica, en Cuba hay unos profundistas del carajo, pero ahí en La Copa no hay nadie mejor que yo, y total, que entre lo que soy capaz de bajar y el respeto que me tienen, nadie me puede trajinar. ¿Actualmente? Tengo ahí seis nasas y todos los días atiendo dos. Sí, peces de cualquier tamaño, y langostas, calamares, pulpos. No, las tengo amarradas al fondo en puntos fijos, a un promedio de quince brazas, y a esa profundidá trabajo cómodo. Figúrate, chica, nunca he fumado, casi no bebo, un par de cervezas de vez en cuando, toda la vida comiendo pescado fresco, tomando sol, haciendo ejercicio... Bueno, yo las amarro a un fondo de coral, a algunas plantas submarinas, a un hueco de las rocas. ¿Los muchachos? Sí, en el barrio debe de haber varios que pueden bajar quince brazas, pero el aire no les da para estarse después dos o tres minutos manipulando para sacar el pescado, y además, con la carnicería que formé aquella vez, me tienen pánico y ni se atreven a acercarse. Y así yo no me tengo que ocupar de moverlas, ni andar cargándolas, y en menos de hora y media atiendo mis dos nasas diarias. Bajar, bajo cuatro veces todos los días. Primero bajo para sacar el pescado, que meto en una bolsa, entonces subo, voy hasta la casa, lo dejo y vuelvo a poner las carnadas.

Eso en general me lleva tres cuartos de hora. Todos los días me tiro al mediodía la primera vez, y antes de la una ya voy pa la segunda nasa. Sí, siempre están cargadas, porque las atiendo cada tres días. Vuelvo a la casa, limpio y corto el pescado, lo meto en el frío, almuerzo, duermo un rato, y a eso de las tres viene un taxi que yo contrato por dos horas todos los días y salgo pa'l Vedado a vender. Nunca. Me lo quitan de la mano y pa todo lo que sea marisco tengo tremenda clientela. Y últimamente tengo algunos extranjeros que por pescado fino, me pagan hasta doce pesos la libra. Sí, barato pa ti, que vives en dólares. Pero acuérdate de que en este país hay gente que gana noventa y dos pesos por mes. Y echa el humo p'allá que m'estás asfixiando, chica. Y, bueno, lo que te quiero contar ocurrió hace..., déjame ver, sí, hace dos meses y cinco días, un 23 de febrero, cómo no me voy a acordar si es lo más emocionante que me ha pasao en la vida. Me acuerdo incluso que fue un viernes y al mediodía me tiro, ran, y cuando estoy embolsando los pescados de la nasa, veo que tiembla la superficie del agua con un brillo como plateado, y hago así y miro p'arriba, ran, y me doy cuenta qu'es una mancha de escribanos. Unos pescaditos largos, finitos, que brincan y hasta vuelan frente al agua, y las escamas plateadas se les ven muy brillantes y eso atrae a la picúa, que se emboba con cualquier cosa reluciente, así sea un cuchillo, y los pescadores, cuando vemos la mancha de escribanos, fuii fuiii, que andan por ahí alborotaos a toda velocidá, sabemos que la picúa no anda lejos y tomamos precauciones, y cuando hago así, ran, pa vigilar a mi espalda, veo una cubera enorme, de este tamaño, por lo menos sesenta libras de masa limpia, que por cuatrocientos pesos cualquiera me parte el brazo. Bueno, quiero decir que cualquiera me los paga, y entonces, pa tener las manos libres, hago así, cierro la puerta de la nasa, engancho la bolsa a los alambres, cojo la escopeta y disparo, pero la cubera se me escapa, y figúrate, aquello me puso rabioso, y como la falta de aire me estaba presionando, subo, me estoy como cinco minutos boca arriba, esperando que se me pase el encabronamiento, sí, eso, la rabia, porque disgustarse bajo el agua es peligrosísimo, porque te descontrola, y pierdes el aire, y entonces, ya más sereno, vuelvo a recuperar el arpón y los pescados, y bajo, y ahora es cuando viene lo bueno, veo que el arpón se me ha clavado en una capa de coral. Eso, la había atravesado, y cuando me pongo a tironear pa recuperarlo, el coral hace así, tra, se parte, vaya, como si fuera una cazuela de barro, y allí lo que veo, con un brillo tremendo, es un burujón de monedas de oro, resbalando unas sobre otras. ¿Te parece increíble? Pues ya verás, en La Habana te las voy a mostrar. Sí, de aventuras, fantasía, lo que tú quieras pero es la purísima verdá, y al ver aquello lo único que atiné fue a subir, reponerme, y cuando volví a bajar, metí en la bolsa sólo las monedas, y dejé los pescados p'al día siguiente. Sí, primero fueron como cincuenta y pico. Bueno, así, de este tamaño, anjá, y esa misma tarde saqué el resto, que hicieron en total ochenta y dos. Sí, igualiticas todas. Claro que sí, averigüé enseguida. Aquí en Cuba, el banco las tasa en un cojonal de dólares, más de cinco mil cada una, pero afuera pueden valer muchísimo más. Sí, ya vendí algunas. ¿Cómo dices? ¡Claro que sí, chica! Tú y yo podemos hacer tremendo negocio.

2

Clarita pega el ojo a la mirilla y reconoce el rostro de Tony, el tipazo rubio que les vende pescado.

—¡Ah! ¿Es usted? —dice al abrirle—. ¿Qué nos trae de bueno?

—Hoy no les traigo nada —responde Tony—. Vengo a hablar un momento con su papá, si fuera posible.

Ella vacila un instante. Teme que la visita sea inoportuna, pero prevalecen sus ganas de coquetear.

—Sí, pase, siéntese un momentico —y desaparece por el corredor.

Se balancea inquieto en la mecedora hasta que el taconeo de Clarita, que venía peinada y sin chancletas, lo hace volverse.

—Venga; papá está en el despacho.

El doctor Fidalgo –sesenta y cinco años aparentes, cinquenta y tres reales– lo aguarda de pie junto a la gruesa puerta de cedro, por donde escapa el gélido aliento de un medio caballo que resopla cansado.

—Buenas tardes... eh —dice Fidalgo—; discúlpeme, no...

—Santa Cruz, doctor; Antonio Santa Cruz.

—Anjá, y ¿cómo anda esa pesca, Antonio?

—Regular, doctor.

—Nos tiene abandonados —recrimina el abogado

—No se preocupe, que en cuanto me caiga algo bueno, es pa usté.

—Bien —dijo Fidalgo—. ¿En qué puedo servirlo? ¿Algún problema legal?

—No, doctor: quiero preguntarle unas cosas sobre monedas antiguas.

Visiblemente animado, Fidalgo se dispone por fin a recibirlo.

—Pase y siéntese —y le señala un butacón, junto a una estantería llena de libracos.

—Tal vez usted no se acuerde, doctor —comenzó Tony, casi a modo de disculpa—, pero hace unos meses yo entré hasta la cocina, para ayudar a su hija a picar un pargo, y vi que usté estaba en el comedor, con la mesa llena de monedas.

—Sí, cómo no, y usted se acercó a mirarlas.

—Anjá, y después, Clarita me explicó que usté es de la gente que más le sabe a eso.

—Exageraciones, Antonio —sonrió el abogado—; pero es verdad que colecciono monedas desde que era un niño de... —y lo interrumpe una tos afónica que lo sacude y le amorata el semblante.

Cuando logra dominarse, hace un gesto de resignación, y extiende a Tony una cajetilla de Populares.

—Gracias, nunca he fumao.

—Buena cosa ésa —comenta Fidalgo, encendiendo—. A mí me lo ha prohibido el médico.

Tony contempla sin comentarios el rostro linfático.

—La bomba no me funciona bien.

Tony nunca ha podido decir a la gente estupideces como: «Nadie lo diría, usted se ve muy bien».

—Y entonces ¿qué quiere saber de numismática?

Tony frunce el ceño.

—De monedas —rectifica el abogado.

—Yo quisiera saber, doctor, cuánto vale una moneda de oro, española, de 1598, de este tamaño —y forma un cero con los dedos.

Fidalgo se acomoda en su asiento y busca señales en la cara de Tony. 1598 es el año en que coronan a Felipe III, y del tamaño que indica el pescador hay escudos, ducados, doblones, pesos, según la ceca. ¿Podría aquel muchacho haber visto una moneda así? Pescador, mar, tesoros submarinos... Claro. ¿Quién mejor? Se le ocurren muchos comentarios y un alud de preguntas; pero le cuesta reaccionar. Nunca un hombre de la calle ha venido a su despacho para soltarle semejante pregunta, a boca de jarro. Y su gran pasión numismática es justamente la España del XVI-XVII.

—Explícate, explícate —dice, sin advertir el tuteo, mientras se pone de pie, el cigarro en la boca, apoyándose con esfuerzo en ambos brazos del sillón.

Tony está punto de sacar la moneda pero se contiene. Ha pensado en Fidalgo como posible comprador, y primero quiere tener una idea del precio.

—Eso mismo, doctor: una moneda de este tamaño, de oro, de 1598.

Fidalgo se acerca al estante central de un librero y saca un catálogo cubierto de polvo. Lo sopla, se sienta, y lo abre sobre el buró. Busca en el índice.

—Mira..., ésta por ejemplo, acuñada en... —y masculla una ficha técnica ininteligible.

Cuando termina, Tony, que se le ha parado al lado, señala al pie una L rara, y un dos mil.

—¿Y eso que quiere decir?

—Dos mil libras —dice Fidalgo—. Esta L con la tilde significa libras esterlinas.

—¿Y en dólares, no viene el precio?

El viejo cierra el libro y le señala la fecha de edición, en la cubierta.

—En 1955, yo creo que la libra estaba a dos cuarenta, que serían unos cuatro mil ochocientos dólares, y te aseguro que ahora una moneda como ésa no vale menos de seis mil.

Tony deja escapar un silbido de admiración.

—¿Y ese libro trae todas las monedas del mundo?

—No —sonríe Fidalgo—, para eso haría falta una biblioteca. Este libro es un catálogo, donde aparece toda la numismática española desde sus orígenes hasta el presente.

—¿Y por qué está en inglés?

—Bueno, porque ha sido editado en Londres, que es uno de los grandes mercados numismáticos.

—¿Y por qué vale tanto una moneda como ésa, doctor?

—Por un lado, porque el precio del oro ha subido mucho, pero sobre todo, porque esas monedas raras tienden cada vez más a desaparecer.

Tony lo mira sin comprender.

—En casos de robo, por ejemplo —explica Fidalgo—, por no buscarse problemas, o por ignorancia, los ladrones las funden para venderlas como oro.

El rostro de Fidalgo se ha llenado de una repentina vivacidad. La voz es firme, mueve mucho las cejas, fuma con energía. Para evitarle el esfuerzo de mirar hacia arriba y de lado, Tony se acuclilla frente a él.

—Y seis mil dólares no es nada —añade Fidalgo—. De ese mismo año que tú dices, hay monedas tasadas en más de cien mil dólares.

—¡...ñó! —se le escapa a Tony.

—Claro; eso en subastas internacionales, donde van los millonarios. Vendidas a un banco o a otro coleccionista los precios son menores. Aquí, en Cuba, lo más que se ha pagado por una moneda, son doce mil pesos.

Clarita entra con una bandeja donde trae agua y una tacita de café y observa a su padre complacido con la visita del buen mozo. Figúrate: si le tocó el tema de las monedas...

Mientras Tony se para y bebe primero el vaso de agua, Clarita se pregunta cuántos años puede tener. Observa la nuez fuerte que sube y baja al tragar.

Fidalgo enciende otro cigarro y oye los elogios de Tony al café de Clarita. ¿Será posible que el muchacho tenga entre manos alguna pieza del XVI?

Cuando la hija sale, Fidalgo lo aborda de frente:

—Bueno, Antonio, y su curiosidad por las monedas...

—Le voy a ser franco —lo interrumpe Tony, que vuelve a sentarse en la punta del butacón—. En casa hay, entre los tarecos de mamá, un cofrecito de madera que fue de una tía de ella, y hacía años que no lo abría. Y la semana pasada, se pone a trastearlo buscando no sé qué cosa, y como la tela de adentro tenía moho y olía a rayos, se la quitó para cambiarla. Y en otro trapo más gordo que estaba doblado y aguantado con tachuelas a la tapa, aparecieron unas monedas verdosas. Ella pensó que eran medallas de santos, pero al limpiarlas vio que no, y cuando me las mostró, eran monedas de oro...

—¿Y cuántas son?

Tony se había preparado para la indagación.

—Cuatro.

—Bueno, hijo, ahí tienes unos cuantos pesos.

—¿Y quién me las compraría, doctor?

—El Banco Nacional, pero eso sí, te paga el cinquenta por ciento del valor de catálogo, y en pesos cubanos.

—¿Y a qué cambio?

Fidalgo trata de descubrir si Tony es o se hace el tonto.

—Bueno, chico, al cambio oficial, por supuesto, que son setenta y dos centavos cubanos por un dólar.

—Pero, doctor, si en la calle el dólar está a cuatro, a cinco pesos...

Hidalgo sonríe, se encoge de hombros, y en eso decide verificar lo de la fecha.

—¿Y cómo tú sabes que es de 1598?

—Porque está escrita, con letras d'ésas —dice Tony.

—¿Y tú las sabes leer?

—No, yo no, pero copié las letras y le pregunté a un vecino que es maestro. Mire, permiso, me lo sé de memoria —dice, y toma el bolígrafo que Fidalgo tiene sobre el buró, para escribir: MDXCVIII.

Fidalgo asiente pensativo y busca en el catálogo.

Por fin le señala una fotografía:

—¿Se te parece a ésta?

Tony se inclina y en efecto, allí está la efigie aquélla, sí sí, la misma, caballero, y las palabras PHILIPPUS REX, eso mismo decía la suya, y abajo de la foto un párrafo larguísimo en inglés con letra chiquitica, y a la derecha la L rara ésa y dos mil ciento cinquenta, coñó, debería valer como siete mil dólares cada una y él tenía ochenta y dos, qué palo, ahora sí, te pusiste las botas Tony.

—¿Ésa es tu moneda? —se impacienta Fidalgo.

Tony asiente, sin levantar la vista del catálogo, como hipnotizado. Está multiplicando ocheta y dos por siete.

—¿Estás seguro?

Siete por dos catorce, llevo una, siete por ocho cincuenta y seis y una cincuenta y siete, coñóoooo, 574.000 dólares, qué vacilón.

—Sí sí, segurísimo, doctor —y con un gesto de suficiencia se mete la mano en el bolsillo, saca la moneda y la coloca sobre la foto del catálogo—. Mire, ahí tiene.

El viejo la toma y comienza a examinarla. Siente un leve temblor en el párpado derecho. De todos modos, no cree en milagros. En Cuba nunca ha aparecido una de esas bombas que alborotan los mercados numismáticos y azuzan caprichos en Kuwait, Roma o Dallas. En sus cuarenta y cinco años de noviazgo con las acuñaciones, ya ha perdido toda esperanza de descubrir alguno de los grandes enigmas. Ése ha sido siempre un privilegio de otras latitudes.

Y sin embargo, en sus manos puede tener la pista, el hilo conductor, la llave de un viejo enigma.

Intenta respirar profundo. Se reclina en el sillón. Tony lo ve palidecer.

—¿Le ocurre algo, doctor?

—Nada, hijo, es que no veo bien —responde de un tirón—. Por favor —señala hacia un estante—, tráeme aquella lupa.

Fidalgo miente. Su visión es buena. Lee sin espejuelos. Lo que necesita no es una lupa, sino una cota contra el puñal que amenaza su pecho; una tableta de nitroglicerina que le dé aire, le controle su taquicardia, la arritmia, el temblor de las manos; algo que le desentumezca el brazo con que sostiene la moneda, un freno a la violenta excitación que le produce ver nítidamente duplicado el trazo vertical en la P de PHILIPPUS.

Lo último que piensa Fidalgo, antes de ceder a su tercer infarto, es que se ha equivocado; que lo que tiene en sus manos no vale seis mil sino quizá cuarenta mil dólares; y que si el pescador tiene cuatro, es muy posible que haya dado con la pista de la reco...

—¡Doctor! ¿Qué le pasa, doctor?

«¡Coño, mira qué patatús le ha dado al viejo éste!», piensa Tony y lo sostiene por el mentón en el momento en que se va de bruces sobre el buró. Lo reclina, y durante un instante lo ve empalidecer. Oye aumentar el jadeo en busca de un aire huidizo. Lo reacomoda para que no se resbale, lo arrima bien al buró, coge su moneda y sale con presurosas zancadas.

3

Te le colaste en la casa, y él abrió la puerta en calzoncillos, tú le viste en los ojos qu'estaba cagao y le metiste tremendo empujón y cerraste la puerta de una patá, vaya, que lo cogiste por sorpresa y no tuvo tiempo de pedir ayuda, con una toalla en la boca, trabao por detrás con la llave que le hiciste ¿qu'edá tendría entonces el gordo Perdomo? Cincuentipico, a lo mejor sesenta, y mientras tú le enterrabas el cuchillo en la nalga hasta el mango, coño, y si gritas te parto el hígado, gordo maricón, y le apretabas la boca con la toalla, y hoy mismo tú le vas a llevar a mi vieja trescientos cincuenta pesos ¿me oíste? y él diciéndote que sí con la cabeza, y le vas a decir que por error del bolitero, a ella le anotaron diez pesos en lugar de los tres que tú le pasaste por teléfono, y si no quieres que te asesine, de hoy en adelante, pa' mi vieja no hay números limitados, aunque seas tú el que ponga la diferencia, y cuando le desenterraste el cuchillo limpiaste la hoja en la barriga del Gordo, y pensándolo bien, convendría que ella conociera la historia ésta, pero vaya, ni por el carajo lo de la puñalá, ni que Perdomo quedó cojo y anda con una muleta y la pata agarrotá, pero sí sí, es bueno que vaya sabiendo que tú eres un tipo del cará y que no se te puede andar jugando sucio.

Y entonces, ran, salgo del hospital, me monto en una guagua, y vaya, como si lo tuviera enfrente, veo la cara del viejo en el momento del infarto, y me doy cuenta de que se atacó al ver la moneda, y me digo, vaya, Tony, qué bien hiciste en no ir a averiguar nada al banco... Claro, sí, yo averigüé lo que quería sobre el valor de las monedas y todo el jelengue ése del patrimonio nacional, y que el banco lo trajina a uno, te dan sólo el cincuenta por ciento de lo que tú encuentres. No jodas, chica, eso será en tu país y en Italia, pero aquí, además, te clavan en el cambio, porque en la calle un dólar vale cinco pesos y el banco te lo paga a setenta y dos centavos, primero te quitan la mitá y después te tiemplan en la otra, yo ya estuve sacando la cuenta y sé lo que te digo, te vienen a pagar catorce veces menos de lo que valen las cosas fuera de Cuba, y entonces, como te decía, voy en la guagua pensando que si el viejo se jodió na más que de ver la moneda, en el banco la cosa se me habría puesto puñetera, sí, eso, difícil, y me iban a sonar tremendo interrogatorio, y que cómo fue, y que dónde la encontraste, y tao tao, y además, qué sabía yo si no le metían par de análisis químicos, como hace la policía, que por un pelo de un muerto saben la edá que tenía o si la noche antes se jamó una pizza. ¿Tú te ríes? Y entonces, me digo, coño, con microscopios y el copón divino, averiguan que yo encontré la moneda en el mar y nadie me iba a creer que era un recuerdo de mi tía abuela, y terminan trajinándome con el cuento ése del patrimonio, y tú sabes cómo yo me pongo con eso. ¿Yo? Nunca he tenido socios ni amigos. Desde chiquito, siempre solo, y fuera de mi vieja, nunca quise a nadie... Bueno, si tú lo dices, a lo mejor es cierto, pero con franqueza te digo que pa mí nunca existió amistá, amor, ni na d'eso... No fastidies, chica, yo no quiero discutir, tú llámale complejo, miedo, lo que tú quieras, pero yo sé lo que me siento, y te juro que cuando me quieren trajinar, lo que m'entra son ganas de asesinar, y pa que veas cómo yo soy, hace un par de años, salí de mi casa a echarme a un tipo, sí, eso, a matarlo, y lo tenía todo preparao. No no, la cosa fue que mi vieja juega bolita. Es como una lotería, sí sí, claro, ilegal, se juega sobre la de Venezuela, y si tú apuestas a un número de dos cifras y lo coges fijo, vaya, quiere decir que tu número sale en el primer lugar, anjá, así mismo, y entonces te pagan setenta pesos por cada peso que tú juegues, sí, claro que es un robo, y la verdá es que todos los banqueros se hacen ricos y por eso yo nunca juego, pero la vieja mía s'entretiene cantidá con eso, está enviciá, y toos los días se sienta a oírla por la radio, sí, en onda corta entra perfecto, y ella apunta toos los números que van cantando y se siente importante con eso y too los días se juega uno o dos baros, y yo al principio le decía que tuviera cuidado, que la fiana le iba a caer encima al banquero, e iba a pasar como en la calle 52, que un bolitero echó p'alante a toos los que apostaban con él, pero figúrate, ése es su único entretenimiento, y yo le doy cinco pesos toos los días, y la pobrecita goza con eso, y cuando sueña algo especial pone hasta ocho y diez pesos a las apuestas. ¿Cómo? Claro que cree en eso, y en el cuarto tiene una imagen de Santa Bárbara y le reza y le pide milagros y le prende velas. Sí, y le pone platanitos y caramelos. No, chica, no hay que ser negro pa creer en eso. ¿Ella? Cubana, hija de isleños. De las Islas Canarias. Bueno, déjame seguirte el cuento. A la vieja, que toa su vida ha trabajado como una mula, que se tuvo que aguantar a mi padre, y después lavar ropa, y hace años limpia pisos en un hospital, y que tuvo que lidiar las borracheras del hermano, toa una vida sufriendo con la cabeza baja, diciendo que sí a too, ¿cómo yo le voy a prohibir que se dé el gusto, sabiendo que con eso tiene pa estar contenta? Sí, claro, se pasa la semana hablando d'eso con las vecinas, y cuando gana cualquier bobería es más feliz que un fiñe que le regalan una bicicleta. Pues bien, un día sueña con su hermano Jacinto, y le juega al 49, que es borracho. No, lo que pasa es que en Cuba, cuando el capitalismo, se jugaba una lotería que le decían la charada, y cada número del 1 al 100 representaba alguna cosa, y así el 22 era sapo, el 37 brujería, el 69 relajo, y entonces, ran, la vieja le pone un peso fijo al borracho, y el apuntador, un gordo, tremendo descarao, que vive a dos cuadras de la casa, le anota el número por la mañana, y a eso de las tres de la tarde, la ve en la cola de la bodega y le dice que el 49 está limitao, o sea, que si ganaba, en vez de los setenta pesos, le pagaban sólo cincuenta. No, lo que pasa es que los banqueros se cubren cuando la gente le carga mucho las apuestas sobre un mismo número; y entonces, el Gordo, que así le dicen al apuntador, sí, al agente del bolitero, le dijo que el borracho estaba limitado y él quería saber si de toos modos la vieja iba a mantener la apuesta, y la vieja consultó con Santa Bárbara y el cará, y ese día no sólo dejó el peso que había apostado sino que le puso dos más, y cuando yo llego por la noche, a eso de las once y media, la pura estaba toa alborotá porque se había ganado ciento cincuenta billetes con los tres que había apostao, y mientras me servía la comida me explicó lo del número limitao y el cará, y al otro día, entro a mear al bar de la pizzería en La Copa, y veo a uno ahí que está festejando con los socios, porque se había ganado trescientas cinquenta cañas en la bolita con el 49, y el tipo alardeando, que cuando hizo la apuesta no tenía más que cinco cañas y que él estaba tan seguro de que iba a salir el borracho, que si hubiera tenido cien se los hubiera jugado completicos, y yo entonces me acuerdo del número limitao que lo pagaban a cincuenta por cada peso, y ran, me pongo a calcular que el tipo tendría que haber jugao siete pa ganarse trescientos cincuenta, y yo sé que toa esa gente es cliente del Gordo, porque siempre andan juntos, y m'entra la sospecha de que el Gordo haya trajinao a mi vieja, pero p'asegurarme me voy a ver a un ciego que apunta pal mismo banquero qu'el Gordo, y efectivamente el número no había estado limitao, y a mi mamá, el cabrón le había dao ciento cincuenta en vez de doscientos diez, y lo que m'entró fueron ganas de estrangularlo. No no, tú verás, agarré un cuchillito, y a la mañana siguiente, después que salió la hija del Gordo, con el marido y los chamas... ¿Él? Debe de tener ahora unos sesenta años. Y entonces, voy y cojo el cuchillo y cuando le toco a la puerta me sale en calzoncillos, y desde que vio qu'era yo, hizo ademán de cerrar, pero yo le di tremendo empujón p'adentro y poniéndole el cuchillo en la barriga le dije que si no me daba las sesenta cañas que le había enmarañado a la pura, lo iba a matar como a un perro, y te juro por ella misma que iba dispuesto a too, porque cuando a mí me hacen una trastá d'ésas, es como si tuviera atravesá una espina en la garganta, y hasta que no me la quito no puedo vivir. ¡Qué va! Él estaba cagao, y se puso a temblar y a decirme que sufría del corazón, y enseguida me dio la plata y me aseguró que nunca más le iba a hacer eso a mi mamá, y yo le dije que si no quería aparecer por ahí con el hígado partido, desde ese día en adelante pa mi vieja no iba a haber más números limitados, aunque lo mandara el banquero... Es que si no lo hace lo mato, chica, aunque tenga que cumplir veinte años en cana. Sí, por ahí anda, y cuando me ve me saluda de lo más atento, como si no hubiera pasao nada, y sigue apuntándole a mi vieja. Y por eso yo te digo, chica, que ni banco, ni patrimonio nacional ni un carajo, yo no me dejo trajinar de nadie. ¡Claro que me voy de aquí! Y es más, te voy a ser franco, yo estaba decidido a irme y si no hubiera sido por la pura, me habría largado ahora, en noviembre o diciembre próximo. Sí, le pagué a un bisnero d'ésos que revende cosas robá y el cará, dos mil baros pa que me consiguiera un traje de goma isotérmica, d'ésos que usan los hombres ranas, anjá, y después m'enteré que un extranjero que aprendió conmigo a pescar submarino, un francés que me encontré en Viriato, le había dado la locura por eso, y se compró un equipo con acualones y too, y hasta un bote con motor fuera de borda, y un día lo veo por ahí en el Vedado y me dice que en un par de meses se va de Cuba, y yo le pedí, vaya, que me vendiera todo aquello, y él me pidió tres mil pesos, qué va, baratísimo. No, el bote me lo consiguieron en Cojímar, y entonces hablé con unos hermanos, pescadores de por allí, que por ocho mil pesos me iban a sacar bajo el agua, agarrado de un hueco en la quilla de madera, hasta unas diez millas, porque aquí las aguas territoriales llegan a doce millas, y ellos iban a embarcar el bote y el motor míos. Bueno, yo los iba a esperar entre un montón de resaca... ¿Tú no has visto unas manchas de petróleo, donde se juntan desperdicios de los barcos, cajones, chapapote y eso? Bueno, una hora antes de que ellos zarparan de Cojímar, yo me iba a tirar al pie del Morro. Sí, ahí va gente a pescar, y yo me iba a tirar antes de salir el sol, sin que nadie me viera, con el traje puesto, y los iba a esperar entre una de las manchas que por ahí hay siempre. Claro, por más frío que hiciera yo podía aguantar horas dentro del agua, todo estaba bien pensao, y la señal pa ellos iba a ser un cajón d'ésos que flotan a la deriva, que yo iba a pintar de rojo, y me iba a poner como de sombrero, pa espiar la llegada d'ellos por unos huecos que le iba a hacer a los laos. Bueno, si por casualidad no había manchas ese día, ellos sabían que me iban a encontrar a unos quinientos metros de la costa, frente al Hotel Deauville, y guiándose por el cajón pintao de rojo no había pérdida, y además, en pleno invierno, a esa hora nunca hay nadie en la costa. ¿Tiburones? Muy pocos, y si tú no los jodes no te atacan, pero dicen que la tiburonera grande está del lao de la Florida, y yo creo que eso debe ser así, porque allá botan más jama al agua que en Cuba. ¿Tú te ríes? Los tiburones no son bobos, chica. No, ningún miedo, y además, yo había conseguido seis pastillas d'ésas que usan los paracaidistas. No sé de qué sustancia, pero cuando tú la dejas caer al agua, se forma enseguida una mancha verde, grandísima, qu'empieza a desparramarse y el pescado le huye. Los paracaidistas las tiran antes de caer en el mar. No, el plan mío era hacerme remolcar hasta unas diez millas, porque ellos no querían comprometerse más allá pa no buscarse líos con los guardafronteras. El trato fue que yo les iba a dar tres mil una semana antes, y los cinco mil restantes cuando me soltaran a las diez millas. Sí, me iban a dar combustible pa diez millas más, y me iban a cargar el bote, la brújula, una balsa grande llena de agua dulce, unas latas de comida, las banderas, los anteojos. Claro, si tú te dejas arrastrar, la corriente te tira pal norte. ¿Los anteojos? Pa poder ver de lejos las banderas de los barcos. Figúrate, si era un barco cubano, yo ponía en la popa del bote mío una bandera americana, y como soy rubio y alto, no tenían por qué dudarlo. Y si el barco es de cualquier otra bandera y veo que va pa los Estados Unidos, les hago señas pa que me recojan. Sí, completamente decidido, y el plan mío era salir yo primero, y dejar a la pura con suficientes pesos, pa que estuviera cómoda y no le faltara nada, hasta que yo me afincara por allá y pudiera mandarla a buscar, y ella me había dicho que sí, pero cuando ya llegaba la fecha de irme, la veo un día llorando, y después una vecina me dice qu'está desconsolá porque piensa que no me va a ver más, y a mí m'entra una tristeza del cará, y qué va, me doy cuenta que yo no voy a poder vivir en paz, que me va a comer el remordimiento, y la verdá es que yo no soy capaz de dejarla sola, ella es lo único sagrao que yo tengo, y entonce, eché too el negocio p'atrás, pero bueno, si tú dices que me puedes sacar a la viejita del país, yo te doy lo que tú me pidas, chica, lo que tú me pidas.

4

Clarita no podía asegurarlo, pero lo que su papá había dicho era *badric.* En uno de sus pocos momentos de lucidez, le había hecho un gesto con la mano para que se acercara. Ella le había pegado el oído a pocos centímetros de sus labios y lo que había oído era *badric* o algo muy parecido. Textualmente, Fidalgo había dicho: «Dile a Jesús que Antonio tiene un *badric,* coronación de Felipe Terce...», y había vuelto a caer en coma.

Jesús se instaló en los pasillos de terapia intensiva a la espera de Tony, porque aquello de *badric* no le decía nada. Pero el pescador tampoco sabía lo que era un *badric* y cuando Calahorra lo sondeó sobre monedas, se había mostrado muy evasivo, entre suspicaz y timorato. Optó por encargar a Clarita que, cuando su padre recuperara el sentido, le hiciera repetir el nombre de la moneda y salió a toda prisa rumbo al Banco Nacional.

Andrés de Jesús Calahorra conocía perfectamente la numismática del siglo XVI hispanoamericano, y estaba casi seguro de que *badric* no era ninguna especie amonedada que hubiese circulado por la Península ni en Indias. Aquello le sonaba más bien a árabe o turco, ¿pero qué podía tener que ver una moneda oriental con la coronación de Felipe Tercero?

En el edificio del banco, revisó en vano todos los catálogos de la Asociación de Numismáticos. Al salir, se encontró con Adolfo, el eruditísimo presidente, y también a él, *badric* le sonaba a moro o turco. Chico, y ¿por qué no iba a ver a Inclán, que era tremendo arabista?

—Me gustaría —dijo Jesús—, pero él no me conoce.

—Si me esperas un momentico, te llevo hasta su casa, y te lo presento —ofreció Adolfo—. Justamente, tengo una recogida en el Vedado.

—Está bien, gracias.

Además de numismático, Adolfo era taxista. Jesús pensó que de ahí podía seguir a pie hasta el Calixto y averiguar si Fidalgo había vuelto a hablar.

Por el camino, Adolfo comenzó a echar anécdotas del licenciado Inclán. Según él, era el más ameno de los locos verborreicos que adornaban el mundillo de la numismática habanera. Y el más sabio, pero loco de atar, vaya: un gatuperio de carlista furibundo y comunista utópico, cuya infancia –según sus propias palabras– eran «recuerdos de un tinajón camagüeyano y un huerto umbroso donde se pudre la guayaba», ja ja, y su juventud «cuarenta años en extremo duros». En efecto, había ido a España como voluntario contra el fascismo y se había pasado veinte años en una cárcel extremeña, de donde saliera en el cincuenta y ocho para regresar a Cuba.

Adolfo, barroco al fin, como muchos coleccionistas, disfrutaba su relación con aquel sexagenario de lúcido vino y paradoja pronta, que solía departir durante horas en fluidos versos octosílabos.

—Y cuando no habla en verso, es en el español cervantino.

—¡No jodas, chico!

—Sí, impecable; y en la cárcel memorizó todo Quevedo, todo Góngora, aprendió árabe, hebreo y el copón divino.

Y ya en la casa, tres paredes repletas de libros del piso al techo; techo de puntal altísimo, piso alfombrado, y en la cuarta pared, versos del Corán escritos con carbonilla, escudos heráldicos, cimitarras cruzadas, una calavera, una babucha clavada en lo alto, pistolas de arzón, y por todas partes objetos antiguos: una rueca, una ballesta, mapas de hule, un globo terráqueo, una montera de raso, dos clepsidras, una cornucopia, un gorro frigio, una fragata embotellada, un atril con una partitura para flauta, una vihuela, una lira, un arca, diplomas, caricaturas.

Adolfo y Jesús se miraron y alzaron las cejas.

Al amontonamiento y la penumbra se sumaba, como ingrediente espectral, un olor ¿a incienso? ¿a mirra? Jesús ya está intrigado. Por fin apareció el habitante del desaforado batiburrillo, en un atuendo que se daba de patadas con el ambiente. Jesús se imaginó un Doctor Faustus en atuendo medieval, y se le apareció un gordito canoso en chancletas de plástico, un mocho de tabaco apretado entre dedos de uñas larguísimas, un pitusa desflecado a la altura de las rodillas, una camisa de caqui, una boina vasca, saludo amistoso para Adolfo, ceremonioso para Andrés de Jesús Calahorra, mucho gusto, Rodrigo Inclán y Valderrama, criado de Vuesa Merced, y Adolfo explicó que Inclán fue numismático desde niño.

—¿Empezó muy joven? —preguntó Calahorra por entablar conversación.

—Empecé cuando era mozo —replicó el licenciado—,
de hasta diecisiete años
y aunque le parezca extraño,
una vez, cavando un pozo —e hizo la mímica de hincar un pico—,
descubrí con alborozo
un jicarón de ducados —y aquí alzó una mano y dejó ver una dentadura amarilla pero completa—;
y sin gasto demasiado
mas con certera visión,
formé precoz colección
y fui grande aficionado.

A Jesús le resultaba cómico oír la criollísima décima pronunciada con zetas y jotas castellanas.

—¿Y dónde fue ese hallazgo, licenciado, si se puede saber? —lo incitó Adolfo.

—¡Cómo no! En Extremadura
a fines del veintitrés
que fue el año en que un marqués
plantó allí su dictadura,
un primo, amigo de curas —sacudió una mano con gesto despectivo y miró de reojo a las visitas, para verificar si le habían entendido su alusión al General Primo de Rivera, Marqués de la Estella; y a modo de aplicación, añadió muy serio—:
militar, el muy cabrón —y aquí dio tiempo a que Jesús y Adolfo rieran a coro—;
mas, volviendo a la cuestión,
mi afición coleccionista,
la dejé por comunista,

en veinte años de prisión.

—¿Y qué pasó con su colección, licenciado? —preguntó Jesús.

Inclán tosió, encendió otra vez el mocho eterno, y rascándose una sien, dijo:

—La Guardia Civil un día
me quitó la colección,
luego vino la prisión
y juré que no volvía
a insistir en tal porfía...

—¿Y no volvió a coleccionar más? —interrumpió Jesús, que se dio cuenta tarde de haberle cercenado la décima; pero el licenciado continuó sin alterar su rima.

—¿Por la sola vanagloria
de hacer colección notoria?
¡Qué va! No tengo paciencia.
Hoy la tomo como ciencia,
al servicio de la historia.

Adolfo celebró el virtuoso remiendo con una risotada y se paró despedirse. Tenía que hacer una recogida y se le hacía tarde.

Calahorra comenzó a explicar el motivo de la visita: Fidalgo, moribundo, balbuceó, *badric*, nada que él conozca, nada en catálogos, e Inclán, *¿badric*? *¿badric*? ¿Felipe Tercero?

—Más bien yo creo que errara
don Fidalgo y con derecho,
pues con la muerte al acecho,
se dicen cosas muy raras
no es lo mismo par que para
no es lo mismo Enric que Enrique
ni tener un tic, que un pique
y me juego la cabeza
a que el nombre de esa pieza
no es *badric* sino fadrique.

Calahorra se quedó mirándolo embobado. Aquel viejo loco había dado en el acto con la clave. ¡Claro que sí, seguro! Fidalgo había querido decir fadrique y Clarita había oído *badric*. En la pronunciación extremadamente relajada de un moribundo, es lógico que sonara así. Coño, pero si lo que el pescador tenía era un fadrique, Calahorra no podía perderle pisada.

Diez minutos después, cuando se encaminaba nuevamente al hospital para tratar de pescar a Tony o averiguar sus señas, se le ocurrió entrar en la Biblioteca Central de la Universidad, que estaba enfrente. Había sentido una repentina urgencia por refrescar la bellísima historia del fadrique. Recordó haberla leído en una publicación de la Universidad Autónoma de México. No recordaba el título, pero era un ejemplar consagrado a las distintas cecas de Indias y a su producción durante la Colonia.

Buscando por el fichero temático la encontró enseguida: *De la ceca a la Meca.* La historia del fadrique era un relato de tres páginas, tomado de un memorialista mexicano que lo escribiera alrededor de 1660, o sea, medio siglo después de los hechos que refiere.

Jesús se acomodó junto a un ventanal y comenzó a leer:

DONDE SE DA CUENTA DE LA DISCRETA INDUSTRIA Y SOCALIÑA DE QUE HICIERA USO FADRIQUE MONTERO, ORFEBRE ACUÑADOR DE LA CASA DE LA MONEDA, EN ESTE VIRREYNATO DE LA NUEVA ESPAÑA

Cuando en el año de mil y quinientos y noventa y ocho, subió al trono de las Españas, S.M. don Felipe III, la Casa de la Moneda acuñó en Sevilla, hasta diez mil escudos de oro, de quien todavía parecen algunos a las veces, y a fe que más en España y no en Indias. Portaban aquestos escudos la efigie del rey, la cual efigie henchía un modo de cenefa que formaban las letras donde rezaba: PHILIPPUS TERTIUS REX; y como es sabido de luengos tiempos acá, la soldadesca y el marinaje de las flotas españolas se pagaban en Indias, a causa que estas tierras encubren los senos más abundosos en preciosidades del universo mundo, y ya en el antecedente siglo, diose traza de abrir en este Virreynato de la Nueva España, en el de la Nueva Granada y en el del Perú, Casas de la Moneda, o quier Cecas, donde se acuñase el mucho oro y plata de estos fines. Y así era la sólita costumbre, que todas tres Cecas indianas acuñasen sus propias monedas, diferentes de las que salían de la Real Ceca de Sevilla; mas a las veces, cuando había menester de acuñaciones por festejos o celebraciones regias, la Ceca de Sevilla, sobre acuñar lo suyo, mandaba ser llevados los troqueles a Indias, porque aquí se diese orden en hacer otras monedas semejantes y no tener así de enviarlas aquende el Mar Océano, estándose al riesgo de naufragios y piratas; y como queda dicho, con ocasión de celebrar al nuevo monarca, acuñados que fueran en la Ceca de Sevilla los diez mil sobredichos escudos, mandó el Real Tesorero que pasase el troquel a Indias, por así acuñar más de cien mil, con el prosupuesto de que se hiciesen hasta cuarenta mil en México, treinta mil en la Nueva Granada, y el resto en el Perú; y a esa sazón, era acuñador mayor en esta Ceca de México, maese Gaspar Chacón, natural de Sevilla; y era su primer ayudante, Fadrique Montero, mexicano, natural de San Juan de Ulúa, y a quien todas gentes en la Casa de la Moneda, tenían por mucho más diestro y mejor orfebre que su maestre Gaspar Chacón, cuya edad frisaba con los setenta años y a quien ya la nube en un ojo y las legañas del otro, estorbaban a las veces el darse cata de algunos detallicos del su oficio; pero él persuadía que sí, que los veía, y porfiaba en estarse en la maestranza de la Ceca. Y en el punto y sazón en que llegara el troquel sevillano a esta Nueva España, tenía Fadrique alcanzada edad de treinta y dos años, y había al pie de veinte que hiciera profesión de acuñador y se estuviera sustentando las puñadas, torniscones u aún azotes de maese Gaspar, de suerte que el mozo vivía asaz malcontento y odiaba al maestre desde el profundo de su alma; pues es cosa averiguada, haber sido éste sobremodo cruel con todos cuantos oficiales y aprendices se entraran a la Ceca, en oficios de orfebres y plateros. Y siendo que Fadrique comenzara a recuestar poco antes con muy buenos propósitos a la hija de un rico mercader toledano, al que todas gentes en México nombraban del apodo de Paco Pimienta, por haber granjeado el tal, cuantiosa hacienda en la trata de las especias, díjole Pimienta que ni por pensamiento entregaría su hija, quien a esa sazón hacía los diecisiete años, a un pobre corriente y moliente, sin predicamento alguno ni más hacienda que unos ochocientos pesos, añascados a cabo de muchísimos años;

y siendo que la muchacha, a quien su padre guardaba con mucho recato y encerramiento, diera también en corresponder al amor de Fadrique, y en volverle el recambio de sus cortesanías, significándose con amorosas miradas, volvió a pedirla Fadrique y con más carga, persuadiendo que de allí a poca pieza habría de quedar vano el cargo de maestre acuñador, lo cual le granjearía, para su corta edad, casa buena, alguna hacienda y no poco predicamento; y quería estarle en el cargo de que le guardase a Felicia, que así se llamaba la que flechara a Fadrique; mas Pimienta, averiguado que hubo ser verdad que aquel mozo era el más diestro acuñador de la Ceca y natural sucesor de un anciano que ya no veía por sus ojos, respondióle que primero de requebrar a su hija, tuviese cuenta con coger por las guedejas la sobredicha maestranza, y en el entretanto que lo tal no aviniese, Pimienta quedaba horro de dar su hija a quien mejor le pluguiera; la cual respuesta llamó la mucha zozobra de Fadrique, temeroso no perdiese a su amada para siempre; y esta zozobra fue acrecentándose de día en día, de semana en semana, a causa que maese Gaspar, porfiaba con más contumacia que de antes, tener la mejor vista del mundo, publicando su prosupuesto de estarse en el cargo de acuñador mayor, por los muchos años que el Cielo fuera servido de darle a ver su luz. Y así, luego que llegara a nuestra Ceca de México el troquel sevillano, para acuñar las monedas del nuevo rey don Felipe Tercero, Fadrique vino a noticia de que el padre de su amada habíala prometido a un alférez, quien hacía la compañía bajo bandera de un capitán toledano, paisano de Pimienta, y quien medraba había algún tiempo en la corte del Visorrey; el cual capitán habíala pedido para su alférez, en atención a la puntual fidelidad con que éste le sirviera, estando ya con él en cuarto año de campaña. Y al darse cata el desventurado Fadrique de que los desposorios avendrían a obra de tres meses, ¡allí fue ello! Perdió la color, que de lozana vino en ser amojamada y seca, y del no comer ni dormir, y del andarse vagabundo por las noches, despidiendo sus congojosas lamentaciones sin poder sosegar el pecho, púsose tan enteco y con tanta ruina de su cuerpo, que no le conociera ni su madre; y a cabo de un mes de sustentar las cuitas de la amorosa pestilencia, determinó de partirse luego por ese mundo adelante, para no tener de ver desposada a su Felicia; y un su amigo marino, llevóle escondido en una de las fragatas del trato hasta el puerto de La Habana, do se estuviera Fadrique en borracherías, entrándose de rondón por las casas llanas y garitos, donde las negras lo dejaron sin blanca y enfermo de un morbo pegadizo, que por buenos respetos aquí no se declara, y del que muriera a obra de dos años arreos, mas no sin antes escribir un billete para el gobernador de la ciudad, donde confesaba hacer hecho en la Ceca de México un grandísimo desaguisado, y fue éste, que por la mucha ojeriza y rencor que le solapaba a aquel maese Gaspar, quiso hacer de él imperecedera burla, y así tuvo atrevimiento de entrarse una noche a la Ceca, cuando aún todavía se estaban unas dos mil monedas sin acuñar, y forjó en el troquel, junto de la P de Philippus, una F, casi invisible para quien no escudriñase la moneda muy por menudo, y con esa F, amén de la burla a maese Gaspar, culpante de sus cuitas por bellaco y longevo, quiso también eternizar el amor de Fadrique por Felicia, siendo que entrambos nombres principian por la sobredicha letra; y como señal de que decía verdad de todo en todo, junto del billete para el Gobernador, entregó también una de aquellas monedas. Como el Gobernador enviase luego embajada a Sevilla, con la añadidura de la moneda y el billete, es fama que el rey, no nada tardo en airarse por el tuerto que se le hiciera a su majestad, puso a los de la Ceca mexicana cual no digan dueñas, y en un daca las pajas mandó prender a maese Gaspar Chacón y publicar una Real Cédula, porque se diese traza de recobrar todas cuantas monedas fraudulentas se anduviesen por España y las Indias, de las cuales, a esa sazón, se cobraron muy pocas en estas tierras, siendo que unos las guardaron por temor de que no les pagasen su valor, y otros las fundieron, para vender su peso en oro. Es fama asimismo, que como después acá pareciesen otras semejantes, el propio duque de Lerma envió a Indias a un licenciado Fulano Ronquillo, con la embajada y mandadería de que sobre publicarse, se diese orden en ajusticiar a todo el que fuere hallado poseer siquiera una de las tales monedas.

5

Coño, sería un tiro que la semana que viene s'entrevistara con el mayimbe ése de la inmigración, y vaya, si es como ella dice, en pocos días le dan allá la entrá a la vieja, y aquí, dicen que las salidas pa personas de edá no s'están demorando na, y tú te vas con las monedas, de la misma forma que tenías pensao, pero tú a ella ni le toques ese punto, déjala, que tarde o temprano te va a decir cuánto le tienes que dar por ayudarte, y mientras tanto, tú ahí, tranquilo, sin apuro, porque además fue ella la que primero habló de negocios y de sacarte a la pura y de su viaje a Washington.

Claro que busqué, y no sólo eso, al día siguiente me conseguí una barreta y partí todo el coral que había por allí. No, no encontré más na, y despué m'estuve como diez días buceando por todo aquello y me puse a agujerear un lugar del fondo donde se formaba como una loma grandísima, y yo pensé que a lo mejor, tapao por l'arena, había un barco hundido. ¿Cómo? No, así no hay quien resista, hay que trabajar muy suave, a catorce brazas tú no te puedes poner a hacer esfuerzos grandes. Yo picoteaba en dos o tres lugares distintos y pa eso bajaba como veinte veces cada día. Sí, de a poquito, pero qué va, nada por ninguna parte, y a veces hasta me parece mentira que yo haya dao con ese cofre ahí, d'esa forma, sin que haya por allí cerca restos de ningún barco. ¿Sabes lo que soñé hace unos días? Que yo era un gallego del tiempo de antes, un conquistador d'ésos, y en el barco en que yo iba llevaban un crucifijo de oro y diamantes, y yo, frente al puerto del Ferrol, sí, de ahí era mi abuelo, y dice que yo me robaba el crucifijo y lo dejaba caer al agua, con idea de bucear después por allí pa rescatarlo sin que nadie me viera. Claro, eso mismo fue lo que pensé, porque está muy raro que toas las monedas fueran iguales. ¿Vino? No, a mí tráigame una cerveza. ¿Jesús? Sí, lo que pasó fue que en el hospital, él se me acercó, y estaba loco por buscarme conversación, y me hizo repetir cómo había sido lo de Fidalgo cuando le dio el infarto ése, y tao tao, no se me despegaba, y yo, vaya, hasta pensé si no sería pájaro, sí, eso, homosexual, y a mí ni me conocía pa mostrar ese interés, y mucho menos pa sacarme el tema de las monedas. No, él había llegado al hospital antes que yo, y a lo mejor Fidalgo le dijo alguna cosa. ¿Por qué, si no, tenía que decirme que a él las monedas sólo le interesaban pa negocio? ¿Y pa qué eso de hablarme de los conectos que tiene pa ganar un montón de pesos con las monedas? ¿Tú te abrirías así, de primera y pata, con un tipo como yo, que no sabe un carajo del giro ése? Y me da una tarjeta con el nombre y el teléfono, y me anota los horarios y too. ¿Pa qué? Seguro que el doctor le dijo algo. O a lo mejor la hija, qu'era la que siempre se quedaba con él. Si el viejo le contó algo a ella, en los pocos momentos que pudo hablar, y ella después se lo dijo a Calahorra... Sí, yo la llamaba toos los días pa saber cómo seguía el doctor, y cuando m'enteré que se había muerto, me decidí a hablar con Calahorra, y me lo encontré en la funeraria. Sí, allí mismo le hablé de frente, y él me pidió que nos viéramos al otro día en el entierro, y como yo le dije que no podía, me citó pa la tarde en el Conejito.

6

El tal Tony comía como un salvaje. Cogía a mano las postas de conejo y se limpiaba los dedos en el borde del mantel. Masticaba con la boca abierta, dos veces se metió el dedo bajo el labio superior y una tercera en el vaso de cerveza para sacar una miga de pan. ¡Qué animal, carajo!

—Pues sí, Tony, hoy lo enterramos al pobre.

Calahorra se había desatado en un elogio plañidero de Fidalgo, que Tony oyó con la vista fija en su plato.

Sin cambiar de postura, Tony sacó del bolsillo de la camisa un sobrecito manila.

—Esto fue lo que jodió al viejo —lo interrumpió, con la boca llena.

Calahorra lo miró sorprendido. ¡Qué forma de ir al grano!

En la Biblioteca del Museo Numismático, Calahorra había refrescado su información sobre fadriques. Le parecía imposible tener entre sus manos uno. La tomó por el canto, la acercó a los ojos y buscó la inscripción.

Sí, allí estaba, mil quinientos noventa y ocho, PHILIPPUS REX, y a simple vista le parece ver el rasgo de la PF. Se pone los espejuelos y, en efecto, allí está. Con gran nitidez distingue la doble barra vertical. Una fuerte aceleración de las pulsaciones lo acompaña. En sus manos tenía decenas de miles de dólares. Carraspeó. Y tosió varias veces.

Enterado por Inclán de la historia del fadrique, Calahorra había ido al encuentro con Tony sin mucho optimismo. Pero de todos modos, preparado. Preparado a no denotar emoción. Muchas veces había usado el recurso de la carraspera. Le permitía desviar la vista del objeto, fruncir el entrecejo, hacer una mueca de malestar, restarle importancia a lo que tenía entre manos, e intercalar un comentario sobre su salud.

—Discúlpame, chico, es que soy asmático, y estos cambios de tiempo me alborotan.

Cuando estuvo seguro de que era dueño de su rostro, y de que cualquier alteración se atribuiría a la tos, volvió a examinar la moneda.

Tony, tras arramblar con todo su conejo y lavarse en cerveza la grasa de los labios, mantuvo los ojos clavados en Calahorra, que concluyó su examen con un mohín.

—Un escudo de Felipe III. Hace unos dos meses tuve otro en mis manos —mintió, rascándose una oreja—. Unos cuatro mil pesos al cambio oficial.

—¿Cuánto darían afuera? —preguntó Tony.

Calahorra se recostó en el asiento.

—No me parece que esto pudiera haberle causado un infarto a Fidalgo —dijo, reponiendo la moneda en el sobre—. Como ésta, él veía muchas y por el valor...

—¿Cuánto vale? —lo cortó en seco.

—Afuera... —Calahorra meneó estimativamente la cabeza con los labios apretados— según catálogo, cinco mil y pico de dólares, pero aquí nadie te va a dar más de cuatro, y con los líos en que hay que meterse para sacarla del país, yo no daría más de tres mil.

—Búsquese un diplomático y yo se la vendo en cuatro mil dolores.

—¿Dolores? —sonrió Calahorra.

—Sí, verdes, fulas, dólares, no me diga que no sabe —el brillo en los ojos de Tony se hizo más gris y duro—. Yo estoy vendiendo esto, no regalándolo ¿m'entiende cómo es?

¡Vaya! Tras su lenguaje tosco y pésimos modales, aquel tipo escondía una seguridad que nadie habría supuesto. Miraba con una lucidez brutal y transmitía una fuerza que no convenía provocar. ¿Estaría enterado del verdadero valor? Calahorra decidió recoger velas e improvisar un nuevo abordaje.

—¿Y en pesos no la venderías? —intentó probar por ahí.

—Los pesos me los da el pescado, y por tongas. Yo quiero verdes. Por cuatro mil es suya, y lo que usté le saque después, a mí no me interesa.

—Es un riesgo... —Calahorra quedó pensativo—. Tendría que sondear un poco el mercado. Y figúrate, negocio de dólares es jugar con fuego...

—El que habló de negocios en el hospital fue usté, y yo le creí —volvió a cortarlo Tony—. Y si ahora me sale con que tiene miedo...

Si Calahorra hubiera tenido los cuatro mil dólares habría cerrado el negocio allí mismo; pero si lo aceptaba sin regateos y con un plazo para reunir el dinero, quizá despertara en el pescador mayores apetencias que lo indujeran a buscarse otros compradores. Y no iba a dejar que se llevara el fadrique sin llegar a algún acuerdo. Por barato que lo revendiera luego, obtendría no menos de diez mil dólares: una ganancia limpia de cinco mil o más.

—Bien, vamos a hacer una cosa —dijo, tras quitarse los espejuelos y tomar los cubiertos para deshuesar su fricassé de conejo casi intacto—; dame tiempo para revisar catálogos nuevos y ver cómo está el mercado.

—¿Cuánto tiempo?

—Dos o tres días.

—Tres días —precisó Tony, seguro ya de que el tipo aquel le iba a dar cuatro mil dólares. Y no le importaba que luego se ganara mucho más. Con ochenta y una monedas iguales, él podía darse el lujo de malbaratar la primera. Eso le serviría para ir conociendo el negocio.

Calahorra sale del Conejito, cruza la calle 17 y hace una cola ante un teléfono público. Cuando le toca su turno marca cinco cifras.

—Hola, buenas tardes.

—...

—Soy Jesús, el numismático. ¿Cómo está usted?

—...

—Sí, algo interesantísimo.

—...

—No, muchísimo mejor, excepcional. ¿Podríamos vernos hoy?

—...

—Bueno, mañana. ¿A qué horas?

—...

—*Okey, good bye*, allí estaré.

Hora y media después, Tony redactaba una nota:

Compañeros:

Por favor, quisiera saber cuánto vale una moneda de oro que dice PHILIPPUS III REX. La fecha es MCXCVIII y tiene el tamaño del círculo verde que les pongo aquí dibujado. Me han dicho que esto lo dicen en el Banco Nacional de Cuba, pero yo no puedo ir por encontrarme imposibilitado de caminar.

Agradecido y con un saludo revolucionario,

Alberto Del Valle
Calle Águila # 913
LA HABANA

Luego, bordeando la moneda con un lápiz de punta afilada, dibujó su circunferencia con un bolígrafo rojo. Puso el papel doblado dentro del sobre y encima escribió la dirección:

Revista *Bohemia*
Avda. de la Independencia y San Pedro
CIUDAD DE LA HABANA

La idea le había surgido al oír un diálogo bullanguero en la parada de la guagua. Un muchacho comentaba la cantidad de boberías que la gente pregunta a la sección Correspondencia de la revista *Bohemia.* Una lectora quería saber hasta los cuántos meses de embarazo hacían abortos en los hospitales; otro, si era cierto que la cáscara de granada sirve para cortar las diarreas, y otro, si las culebras machos tenían dos penes. «¡Qué rico, chico! Mientras una descansa la otra vacila.»

Y Tony que sonreía a distancia, tuvo una repentina idea: ¡Coño! ¿Y por qué no consultar a *Bohemia* lo del banco?

De lo conversado en el Conejito había algo que no le cuadraba. Primero, Calahorra le había ofrecido de tres mil a cuatro mil pesos y él le había subido la parada a cuatro mil dólares; pero sólo pensando en sacarle mil o mil quinientos; y el tipo va y le dice que sí. Y el Jesús ése no pue ser tan comemierda de comprar por cuatro mil, para vender por cinco mil y pico. ¿Qué negocio es ése, chico? Él mismo había mencionado el riesgo de que lo acusaran por tráfico de divisas y el cará. Sí sí. Ahí había algo que no cuadraba. ¿No sería el precio fuera de Cuba? A lo mejor los catálogos que decían cinco mil y pico eran ya viejos, como el de Fidalgo. Y quién sabe si con el aumento del precio del oro, no valían ahora mucho más.

Sí, lo mejor era escribir a *Bohemia.* Si era verdá que se tomaban el trabajo de responder a cuanta basura les preguntaba la gente, valía la pena; porque así, sería *Bohemia* la que daba la cara en el banco. Bueno, eso, si no eran unos descaraos qu'ellos mismos se hacían y contestaban las preguntas, pa no pasar trabajo.

Pero, de toos modos, na se perdía con hacer la prueba.

7

—...y la última vez que salió una pieza semejante a subasta fue en 1940, pocos meses después de la guerra española. Se vendió en ocho mil quinientas libras esterlinas...

—Eran otros tiempos, Jesús.

—Pero usted sabe que con el alza del oro, puede obtener no menos de treinta mil dólares.

—Ilusiones: no es el precio del oro, es el valor numismático.

—Seamos honestos: usted sabe que puede obtener treinta mil...

—¿Y mis gastos? Tengo que pagar viajes, permanencia, un experto...

—¿Pero usted desconfía de la legitimidad? ¡Vaya al Banco Nacional!

—¿Y cómo justifico la posesión? No pretenderá que la saque y la entre de nuevo...

—Para usted no sería difícil: entra y sale cuando quiere.

—Verdad, pero eso aumenta los gastos.

—Pero ¿adónde me quiere llevar?

—*Business is business*, Jesús.

—Está bien: descontemos diez mil. Cuando la negocie afuera, usted se queda con no menos de veinte mil dólares limpios. ¿Le parece poco?

—No está mal, no está mal...

—Claro que no está mal. Si yo pudiera salir al extranjero con la facilidad que lo hace usted, no estaría ahora aquí. Yo mismo haría el negocio.

—Por supuesto. ¿Y cuál es su precio para mí?

—Quince mil.

—¿Quince mil pesos?

—Quince mil dólares, ¡por favor!

—¿Tanto trabajo y peligros para ganar un veinticinco por ciento o menos? Así no se hacen negocios, amigo mío.

—Pero usted sabe mejor que yo, que hoy en día cualquier negocio que alcance un cinco o seis por ciento, es un buen negocio...

—En negocios limpios, sí; pero en un negocio sucio como éste yo no corro riesgos por menos del cincuenta por ciento.

—¡Exacto! Le pido quince y usted sabe que puede obtener treinta.

—Esos no son porcentajes correctos. Ya hablamos de los gastos. Además, pierdo mucho dinero durante el tiempo que me voy de aquí y no trabajo en lo mío. Por quince mil no me interesa, Andrés.

—Doce mil dólares, entonces.

—Ocho.

—Pero usted tiene que comprender que yo también me arriesgo en este negocio. Algo tengo que ganar...

—Okey, nueve mil dólares.

—Doce. Créame que de otro modo no tiene sentido. Prefiero esperar. Si yo no tuviera apuro, aquí mismo en La Habana la vendo en veinte mil. Dentro de un mes regresa un diplomático que...

—Bien, diez mil y ni un centavo más. *Take it or leave it.*

Calahorra menea la cabeza, se muerde los labios, y por fin sonríe.

—Está bien, usted gana, diez mil. ¿Para cuándo?

—Dentro de... ¿cuatro días?

—¿El miércoles próximo?

—Anjá.

—De acuerdo.

8

Arrimarle la silla, sentarte derecho, pero no tieso, ponerte la servilleta sobre una rodilla, no colocar las manos debajo de la mesa, tampoco apoyar los codos, masticar con la boca cerrada, coger los vasos por debajo... ¿Qué mas? Anjá: no hundir la cabeza en el plato, llevar la comida a la boca y no la boca a la comida, no empujar el plato después de haber comido, dejar que todo lo haga el camarero, encenderle el cigarro del café... ¿No se me olvida nada?

Sí, chica, yo pensé que le podía vender la moneda por los cuatro mil que él me ofreció... Bueno, si lo que me había dicho Fidalgo era cierto, me pareció que en cuatro mil la moneda estaba bien vendida... Sí, en *Bohemia* ya había aparecido la respuesta... De todos modos no era más que una, y si después yo me enteraba de que tenía mucho valor, le iba a ofrecer otras iguales... Sí, unas veinte más..., anjá, pero a un precio más alto y con la condición de que me completara lo que me hubiese enmarañado en la primera... Claro, yo pensé: si el tipo es negociante de verdá, no va a perder la oportunidá de ganarse un burujón de pesos conmigo, ¿te das cuenta?... ¿Ya tienes hambre?... Está bien, me voy a bañar y bajamos.

No vuelvas a pedir pollo, chico, que tú no lo sabes comer si no es con las manos, ¡mira pa eso qué jodienda!, estás dejando el ala casi completa; pero, vaya, síguele la corriente, ¿a ti qué más te da? Al fin y al cabo tú no ganas nada con ser tan bruto en la mesa..., no, bruto no... ¿Cómo fue que te dijo? ¡Ah, sí! Tan rudo. Y la verdá, parece que se preocupa por ti, que todo es por tu bien, ¡coño, enderézate! ya estás otra vez metiendo la cabeza en el plato, y a lo mejor va y es cierto que a ella le jode que tú no tengas buenos modales..., acuérdate que en el Combinao, tú mismo amenazaste al Fañoso y le dijiste que si se volvía a tirar otro peo a la hora del rancho, lo ibas a hacer picadillo, y la verdá que la segunda vez que lo hizo sentiste ganas de vomitar y si hubieras tenido con qué, le habrías metido una puñalá que le habría cabido una guagua adentro, vaya, y a lo mejor a ésta también le da asco lo que tú haces en la mesa, todo es cuestión de costumbre, como dice ella... ¡Espera, comemierda! No cojas el vaso con la boca engrasá. Límpiate primero, pa eso te dan servilleta... Y la verdá es que ella parece legal, por lo menos no se anda con vueltas pa decirte las cosas, y lo que no le gusta te lo dice suave, pero bien clarito y de frente, vaya, más franca no pue'ser, y tiene razón que tú no pierdes na por hacerle caso, al contrario ¿qué tú sacas con ser un maleducado? Impresentable, fue que dijo. ¿Y cuál será ese interés d'ella por presentarte a la amistades? Y que te va a traer ropa fina de afuera, y que te va a enseñar a manejar... ¿S'estará enamorando? Aunque, vaya, eso de que todavía no te haya hablao de plata pa sacarte a la pura, está muy raro. Sí, rarísimo qu'está. Pero tú, ahí, firme, tienes que esperar hasta último momento, y sólo cuando se despida de ti, vas y le ofreces mil dólares pal viaje y los gastos allá, y lo que necesite pa las gestiones que tenga que hacer. ¿Será cierto que no tiene que ir allá a más na que a resolver lo tuyo? En realidá, la tipa es rara: por un lao te dice que tú le gustas en la cama, pero que no es tan boba pa enamorarse de un hombre mucho más joven que ella. Y si es así ¿pa qué coño anda preocupándose de tus modales y hablando de que quiere presentarte a las amistades? Si fuera verdá lo que dice, te vacilaba encerrá en los cuartos y pa'l carajo, si te he visto no me acuerdo... Y además, ayer te dijo que tú y ella podían hacer tremendo negocio, pero d'eso no te ha vuelto a mencionar ni pitoche... ¿No será qu'esta jeba es mucho más negociante de lo que tú te crees? A lo mejor, está buscando la forma de sacarte la tajá más grande... Bueno ¿y a ti qué, chico? Mientras de verdá te resuelva la salida de la vieja, que haga lo que quiera. A ti te queda una tonga de monedas, y vaya, si ella te pide diez, la verdá es que se las merece..., y a diez monedas ella le pue' sacar afuera, muerta'e risa, sesenta o setenta mil verdes... ¡Enciéndele el cigarro, coño!

9

La tarde de marzo no habría sido tan límpida, ni la Quinta Avenida tan acogedora en su verdor geométrico, de no ser por aquel maletín con los diez mil dólares. El dinero, en todas sus formas, era hermoso. Y para colmo de su euforia matutina, le paró el primer taxi a la primera seña. Y no sólo paró sino que se dispuso a llevarlo a donde él pretendía: el reparto California.

Encerrado en su cuarto, Jesús recontó el dinero. La mayor parte aparecía en billetes de veinte. De cien sólo había veintiocho, que apartó para entregarlos todos a Tony. Contó luego setenta y dos de cincuenta y separó veinticuatro, con los cuales completaría los cuatro mil dólares que debía pagar a Tony. En total, iba a darle cincuenta y dos billetes y el bulto era pequeño: cabía en el bolsillo del pantalón; pero de todos modos, lo puso en un sobre manila, y éste dentro de su maletín.

A las ocho en punto llegó al Polinesio; saludó al capitán, se interesó por los dolores artríticos de un camarero y se sentó en una mesa del bar. Era un día especial. Se sentía muy, muy bien; y necesitaba expresarlo. Pidió una botella de vino tinto húngaro, Sangre de Toro, entremeses españoles y albóndigas de queso, que se puso a picar sin hambre. Sonrió al pensar que aquella mescolanza estaba a tono con el bluff ornamental del restorán, que de los mares del sur y la Polinesia, sólo tenía la inspiración Hilton original: boyas de vidrio verde recubiertas de sogas marineras, bambú y penumbra, un Tahití aséptico, Gauguin en Manhattan.

A las ocho y media en punto entró Tony y a las ocho y treinta y dos salió del baño, okey, el dinero estaba completo, y si Calahorra quería, vaya, él podría venderle, de esas mismas monedas, veinte más.

¡¿Cómo que veinte más?! ¿Tony estaba seguro de lo que decía?

¿Y acaso Calahorra tenía motivos para dudar de lo que Tony decía?

No no no, Jesús no había querido decir eso...; lo que pasaba era que... ¿cómo explicárselo, chico?

Y en verdad, Calahorra no tenía cómo explicar a Tony lo que estaba pensando en ese momento; porque no dudaba de que Tony tuviese veinte monedas más, parecidas a la que le había comprado ya, pero quizá no exactamente idénticas; y la mejor salida que encontró fue explicarle a Tony que si él tenía realmente veinte monedas como aquella, nadie en el mundo le daría ya cuatro mil por cada una, porque los mercados funcionaban de acuerdo con la rareza de las piezas ¿Tony se daba cuenta? Los precios jugaban con la manía exclusivista de los numismáticos, y cuando una pieza rara se repetía, su valor caía en función del número de repeticiones. Si una moneda como ésa podía venderse afuera por cinco mil dólares, era porque en el mundo sólo se conocían diez o doce; pero si aparecían de golpe veinte iguales en el mercado, los precios tenían que caer por fuerza a la mitad, en fin, que Tony entendiera, era un fenómeno universal, la ley de la oferta y la demanda.

Tony no encontraba qué replicar, ni tampoco quería asentir. Era normal que Jesús arrimara la brasa a su sardina; pero, cojones, lo que decía era lógico...

Se abstuvo de todo comentario y se quedó mirándolo con cara de póker.

De todos modos, Calahorra iba a sondear el mercado a ver si se podía sacar un poco más, pero antes necesitaba ver las monedas, y Tony debía comprender que no era lo mismo una que veinte, y antes de salir a ofrecerlas, Calahorra quería estar muy seguro, examinarlas una por una, verificar la ley del oro, el peso, en fin, varios detalles que interesaban a los coleccionistas.

Tony tomó una sola cerveza y se despidió poco antes de las nueve, sí sí, él le iba a llevar las monedas a la casa, anjá, las veinte, pa que Jesús las viera, no, al día siguiente no podía, mejor el sábado por la tarde, sí sí, todas, claro, y esa noche Calahorra pensó que si entre las veinte monedas de Tony, había aunque fuera dos o tres fadriques, él podía convertir aquellos seis mil dólares que se había ganado, en sesenta o setenta mil. Aquél podía ser el gran palo que él necesitaba dar para enderezar un poco su vida. Con un capitalito así podría proyectar nuevos negocios, escogerlos sin apuro, abstenerse de lo que pudiera resultar peligroso. En Cuba, con un poco de prudencia, ese dinero podría asegurarle una vejez sin incomodidades ni ansiedad; sobre todo, vivir como persona, sin carencias elementales.

Poco a poco, la euforia con que había comenzado el día se le convirtió en angustia. Recordó insistentemente que ya tenía cincuenta y dos años, dos matrimonios deshechos, hijos desamorados. De aquel negocio dependía ahora que dejara de sentirse un fracasado. No pudo dormir hasta la madrugada. Le rondaba la idea de que el hombre es un monstruo acosado por sus deseos infinitos, víctima de un eterno quitaipón de ansiedades.

10

El compañero Alberto del Valle, residente en la Calle Águila # 913, en esta capital, nos pregunta el valor de una moneda española de oro, de 8 cm de diámetro, que él describe con su inscripción de PHILIPPUS III REX, y data del año 1598. Tras consultar a algunos miembros de la Asociación de Numismáticos de Cuba y a los expertos del Museo Numismático del Banco Nacional, podemos informarle lo siguiente: Con motivo de la coronación de Felipe III, se emitieron varias monedas de oro, plata y bronce, en la Ceca (Casa de Acuñaciones) de Sevilla, así como en diferentes ciudades de Indias, entre las que podemos mencionar México, Lima y Santa Fe de Bogotá.

Ahora, bien, de conformidad con las características de la moneda que describe Alberto, se trata de un escudo, acuñado en Sevilla, y hoy se lo valora en US 5.570, lo que equivale a los niveles de cambio actuales a unos cuatro mil pesos cubanos. El Museo Numismático cuenta en sus colecciones con varios ejemplares acuñados en 1598, tanto en oro como en plata, y asimismo, algunos pesos emitidos en el Nuevo Mundo para festejar el ascenso de Felipe III al trono de España.

Entonces, no había lío. Demasiado bien habías salido, chico. De verdá que Andrés se conformaba con poco. Si te dio cuatro mil dólares por lo que vale cinco mil quinientos, hiciste tremendo negocio. Y pensar que el banco te habría dado la mitá de cuatro mil. Primero muerto que dejarse templar por dos mil pesos.

Tony deja la *Bohemia* sobre la cama y se para de un salto. Ese día no va a recoger sus nasas. Anda en negocios grandes. Va a aceptar la propuesta de Andrés por las veinte monedas. O mejor dicho, le va a pedir dos mil quinientos dólares por cada una; pero si no se transa, le aceptará los dos mil. En todo caso, con cuarenta mil del lado de acá, se va a sentir más seguro. No sea cosa que Margaret le tenga miedo a las monedas y prefiera billetes. Y si resulta que quiere monedas, da igual: los billetes siempre le van a servir a Tony, lo mismo aquí que en la Yuma.

11

...y entonces, como a los diez días, lo llamé al trabajo y me volvió a citar en el Vedado... Sí, me dijo que por las veinte monedas que me quedaban..., claro, yo se lo había dicho, y en ese momento no me di cuenta que estaba metiendo la pata, porque si en vez de veinte le ofrezco dos o tres, me habría seguido pagando cuatro mil, o por lo menos, tres mil quinientos dólares, pero al decirle que tenía veinte más..., figúrate, yo ya no podía hacer nada, y por eso no le mencioné las otras sesenta y una... Bueno, él me dijo que había encontrado un cliente, sí, un extranjero que daba dos mil trescientos por cada una..., pero me dijo de frente que él tenía que ganarse algo y me ofreció cuarenta mil por las veinte..., sí, eso es, dos mil por cada una..., claro, yo pensé qu'él se estaría ganando más de lo que decía, pero después saqué la cuenta y no podía ser muchísimo más, porque si el precio que me dio Fidalgo y después la Bohemia eran ciertos... Sí, yo pienso que hice bien en vendérselas a dos mil, ¿qué tú crees? Bueno, déjame que te explique: él me pidió que lo esperara unos días más, porque el comprador estaba consiguiendo los dólares, pero me dijo que la cosa estaba hecha y que lo llamara dos semanas después... Anjá, lo llamé y me dijo que andaba haciendo los últimos amarres, y cuadramos pa'l sábado siguiente en Coppelia, a las cinco de la tarde... Me acuerdo que fue un siete de abril,... No, no, sin las monedas, y era para darme una tarjeta de huésped del hotel Habana Libre qu'estaba a nombre suyo, y me dijo que le llevara esa noche las monedas, a las ocho y media en punto, a la habitación setecientos quince... No: parece que él estaba hospedado allí desde temprano, y despué inventó que había perdido la tarjeta y le hicieron otra..., y entonce yo fui a la casa, recogí las monedas y ran... ¿Y por qué me tenía que llamar la atención? Me dijo que la hermana estaba de vacaciones, y que se pasaba el día metida en la casa, y él no quería que ella se enterara del negocio, ni tampoco tener que encerrarse conmigo en un cuarto, porque vaya a saber lo que podía pensar..., pero aguanta, que la cosa no paró ahí, porque yo me di cuenta después... No, lo del hotel fue porque en la habitación de al lado estaba el comprador con el dinero en la mano... Sí, tremendo cabrón, lo tenía todo bien amarrao, porque a mí me citó a las ocho y media y al comprador a las nueve,... Eso mismo, me pidió que fuera muy puntual, porque si no llegaba a la hora no se iba a poder hacer el bisne..., anjá, tenía una botella de ron y me invitó a un trago, y me dijo que el extranjero había pedido hacer la cosa así, que no quería que nadie lo viera, que le tenía miedo a los fianas del hotel, a las camareras, a too el mundo, y que si lo pillaban en negocios de oro se buscaba un problema con el gobierno d'él, y que le podía costar el puesto y tao tao,... Sí, me lo creí. ¿Cómo? Bueno, medio en broma, medio en serio, me dijo que cuando él saliera pa llevar las monedas al cuarto del comprador, si yo quería podía chequearlo por una rendija de la puerta, y quedarme allí vigilando hasta que él saliera. ¡Cómo que no! Estuve de posta, clavao al lao de la puerta, hasta que lo vi salir, y así fue, volvió con cuarentiseis mil y apartó los cuarenta mil míos, y entonce me pidió que me quedara media hora más, para dar tiempo a que se fuera el comprador, y me invitó a otro par de tragos... Figúrate, yo estaba contento... Sí, me sonó una muela, diciendo que en los negocios él siempre actuaba de frente, y después me preguntó qué yo pensaba hacer con el dinero... Le dije que no tenía nada pensao, y que por el momento lo único que quería era buscar algún conecto para poder comprar en tiendas de dólares y regalarle a mi mamá algunas cosas pa la casa, y alguna ropa y eso... ¡Qué va! Lo primero que hizo fue ofrecerse p'ayudarme, pero en esos días fue que te conocí a ti... No, no lo he vuelto a ver.

12

Margaret enciende otro Abdullah y vuelve a mirar por el retrovisor. El pescador no aparece. Lleva ya una semana acechando la ocasión de encontrárselo casualmente. Y en ese octavo día, un domingo radiante, ya ha estado dos horas sentada al timón de su carro. Desde que lo vio llegar al mar, se estacionó en la esquina de Primera y 44. Ya le duele un poco la cintura.

A las 11:35 lo ve salir: un hombrazo *indeed*. Elástico, alto, muy tostado. ¿Sería rubio por el salitre?

Tras brincar un muro, el pescador avanza por la acera opuesta, pero en dirección a ella, hacia la calle 42. Y ahora cruza. Va a pasar a su lado. *Charge, Maggie*!

Se apresura a encender el Triumph. El pescador está a unos diez metros. Ahora le distingue, bajo las cejas, ese fulgor gatuno que sólo despiden los ojos muy claros. Es seguramente rubio natural. ¿Veintiocho, treinta años? Es joven, longilíneo. Margaret se moja los labios con la lengua y entrecierra los ojos. Siente un calor treparle la cara. Sonríe. Aquello de urdir una lenta telaraña para cazar a un bello desconocido la rejuvenece.

El hombre no la ha mirado. Viene ensimismado. En la acera, se hace a un lado para ceder el paso a una señora que empuja el cochecito de un bebé. Margaret le ve el rostro de frente y recuerda la santidad primitiva de un icono que comprara en París.

Con cuarenta y cinco años, Margaret mantiene un cuerpo deportivo de carnes firmes y piel dorada. No usa ajustador. Sus blandicias desafiantes bailan aquella mañana translúcida bajo un tul de artesanía. Calza unas sandalias con todo el talón al descubierto, que realzan el nervioso juego de sus tendones. Necesita sacar ventaja de aquel primer encuentro. Se ha preparado con tenaz esmero; se ha untado detrás de las orejas con *Cabochard* de Grès. Es verdad que no ha podido evitar algunas patas de gallo en las comisuras, ni unas nalgas demasiado rotundas para la estética del desarrollo; pero no ignora que son un *sine qua non* de la belleza tropical: su mejor anzuelo para pescar a un pescador cubano. Está segura de ganárselo. Si no muerde por las nalgas, morderá por los dólares. Y si los dólares no lo rinden, ella le preparará otra trampa. Lleva la ventaja de una cultura cosmopolita y el haber vivido durante décadas entre gentes de alto CI. Pero sobre todo, lleva bajo la manga, el arma invencible de su experiencia. Una experiencia de casi treinta años, en muchas arenas, de muchos países.

Aquel pescador será irremisiblemente suyo.

Tony, en trusa, con un pulóver blanco atado al cuello, pasa por fin a su lado.

—*Compañerou*; oiga *compañerou*—dijo, exagerando la erre anglosajona y el final en *ou*.

Desde el primer momento debía demostrarle que ella era «de fuera».

La reacción del hombre fue verdaderamente ridícula. Antes de contestarle, dio dos pasos atrás y miró la matrícula del carro.

—¿Es conmigo? —dijo con cara de sorpresa, parado, indeciso junto al guardafango delantero.

La elementalidad y torpeza de aquella reacción la hizo sentirse más segura.

—Sí, con usted, acérquese por *favour*.

Tony cambió de manos el gancho donde llevaba tres hermosos loros y avanzó hasta agacharse un poco frente a la ventanilla.

Cuando Margaret sintió, clavado sobre sí, todo el azul de aquellos ojos, fue como si la encandilara una luz larga en la carretera. Eran de una increíble palidez y no se les veía el blanco. Producían una sensación abismal. El rostro era duro, macho, fuerte, sin ninguna santidad ahora.

—Dígame.

—¿Usted cogió esos pescados con escopeta? —Margaret se hizo la tonta. Tony llevaba una escopeta en las manos.

—Sí, pero están enteritos.

—Ay ¿y no me los vende? Aunque sea uno. Cuando vi a usted con ellos sentí muchos deseos de comer *pescadou ricou*—e hizo un gesto de lujuria antropófaga con labios y dientes.

«Rica estás tú, cabrona.»

Ladeada sobre la ventanilla le exhibía un seno y el muslo derecho.

Tony siente el impulso de hacerle alguna insinuación, pero no se atreve. Siempre que tropieza con un material de altura le faltan las palabras. Sólo atina a sonreír y hace un gesto que ella interpreta como vacilación.

—Puedo pagar muy bien por sus *pescadous.* Deben valer muchísimo, porque usted los *sacóu* de muy *profundou* ¿sí? —dice ella.

Cuando ya resulta indudable que la tipa quiere guara con él, Tony se anima.

—Bueno, pa una mujer bonita, siempre hay una rebaja...

Ella notó que el piropo le había salido con esfuerzo y detrás de la piel muy tostada adivinó un sonrojo. Para animarlo, soltó una risa de franca complacencia.

—Deme treinta pesos por estos dos, y éste se lo regalo.

—Oh, no, no *puedou* aceptar eso. Es muy *baratou*—sentenció ella con firmeza—. Mire: le doy cincuenta por los tres.

El fajón evidente que aquella mujer le ha dado, acaba con los restos de timidez, halaga su hombría, le suelta la imaginación y la lengua.

—Ahora no quiero nada —dice Tony—: Con verla a usted ya estoy pagao. Le regalo los tres pescados pero a cambio de una cosa.

—¿De qué cosa? ¿Que lo invite ahora a mi casa a comer pescado al horno? —Margaret le hace *swing* a la bola aquella con la fuerza del que quiere llevarse la cerca— ¡De acuerdo!

Y le tiende las llaves del carro.

Evidentemente el batazo fue de jonrón. Tony se quedó mirándola confundido, como el pitcher que ve la bola irse.

La universidad y el CI de Margaret se han impuesto en el primer lance. Ya está segura de que con dólares y nalgas lo va a rendir irremisiblemente, aquella misma tarde.

Cuando Tony comprende que las llaves son para guardar el pescado en el maletero, vuelve a poner aquella cara de icono que ella le viera momentos antes. Mientras guarda los pescados toma aliento. «¡Coñó, la yuma ésta, qué manera de irme p'arriba.» Él sólo iba a pedirle que le diera su dirección para llevarle de vez en cuando algún pescado y comenzar un talle, a ver qué pasaba. «Pero, compadre, verdá que lo qu'está pa uno, él sólo viene y se engancha...» Cierra el maletero y vuelve junto a la ventanilla. Le extiende las llaves y la mujer lo invita a montar con un gesto.

—Me llamo Margaret ¿y usted?

—Tony —»¡Qué rico huele el carro éste, chico!»

Ella lo mira un instante en silencio, suspira en un gesto indescifrable, pone primera y enfila por 42 hacia Quinta Avenida.

13

Maurice Cohen comerciaba con objetos de arte y metales preciosos. Tenía sucursales en Londres y Amsterdam y agentes en todo el mundo. Allá por 1966, Margaret había tenido una escaramuza con él en un hotel de Miami. Al tercer día él le propuso dirigir un contrabando de objetos arqueológicos desde México. Los veinte mil dólares que se ganó cayeron sobre sus fondos resecos como el agua de mayo. De aquel éxito inicial, surgió una relación estable que la llevó a residir durante cuatro años en Tijuana; fue la primera vez que ejerció como periodista, como cobertura, según le aconsejara Cohen, y allí comenzó a adquirir y contrabandear objetos valiosos para la firma Cohen & Cohen de Nueva York. En pocos meses, se había convertido en una aceptable experta en numismática colonial y plata macuquina, y al cabo de sólo tres años, había acumulado *three hundred grand*, ni más ni menos. Se había sentido fuerte entonces, lista para aventuras mayores. Se alejó de los negocios turbios de Cohen & Cohen y empeñó sus recursos, amén de un préstamo adicional, en un cautivante proyecto que, de concretarse, la habría convertido en una de las propietarias del incalculable tesoro del galeón *Nuestra Señora de Atocha*. Pero no resultó, y en el setenta y ocho, se instaló en Miami con unos cuantos miles de dólares como todo capital. Yatista experta, buena buceadora, no le faltaron compañías agradables para disfrutar los casi eternos veranos de la Florida. Pero la fortuna parecía haberse apartado de ella por largo rato.

En el setenta y nueve, cuando después del torneo Hemingway de ese año decidió establecerse como corresponsal en La Habana, ni le pasó por la cabeza que Cuba pudiera ofrecerle negocios en la línea de Cohen. Y fue justamente Calahorra quien dos años antes la había metido en el tráfico de oro, objetos de arte y monedas. Mucho dinero necesitaba ella para sus planes. Ya había hecho sus cálculos. Sesenta y uno por quince mil eran novecientos quince mil dólares. Yes, sir, si Margaret Gaylord jugaba bien la carta que el destino había puesto en sus manos, redondearía un millón de dólares. Y esa carta se llamaba Antonio Santa Cruz.

En cuanto Margaret recibió el ofrecimiento de los veinte fadriques, viajó de inmediato a Nueva York con el que ya le había comprado a Calahorra, y utilizándolo como muestra, negoció la venta de todo el lote. Finalmente obtuvo de Maurice Cohen un precio de veinte mil por cada moneda, y su compromiso de enviar un experto con suficiente dinero para efectuar la compra en La Habana, ya convenida con Calahorra en ciento cuarenta mil. El hombre llegó una semana después que ella, en un paquete turístico desde México. En cuanto recibió los fadriques en la habitación del Habana Libre y comprobó su autenticidad, el hombre hizo que Margaret contara cuatrocientos mil dólares. Ella separó los ciento cuarenta mil de Calahorra y se quedó con doscientos sesenta mil. El propio Cohen le había pagado ya en Nueva York los veinte mil de la primera moneda. De modo que su ganancia limpia era de doscientos setenta mil, descontados los diez mil dólares que había pagado de su bolsillo por el primer fadrique.

Margaret no había tenido dificultad para sacarlo. Sólo tuvo que vaciar un reloj viejo. Pero no había querido liarse con el problema de sacar el considerable bulto metálico que representan veinte monedas, ni tenía efectivo disponible para adquirirlas directamente de Calahorra. Cuando él le hiciera el ofrecimiento, ella sólo disponía en Cuba de unos doce mil.

El hombre de Cohen se declaró biógrafo de Hemingway, y traía una Underwoood portátil del año de la corneta, enteramente metálica, que ya venía preparada para esconder en su rodillo hueco las veinte monedas; de suerte que cuando los detectores de metales dieran la alarma, se atribuyera al cachivache Underwood. Y así fue. El hombre regresó a Nueva York, vía México, sin ningún tropiezo.

Calahorra había cometido el error de instrumentar la entrega de las monedas en el Habana Libre. Y Tony, el de aceptarlo. Aquello le proporcionó a Margaret la anhelada pista del proveedor de los fadriques. Todo su trabajo consistió en conseguir el taladrito y la colaboración de su compatriota Alfie, un gran niño de cuarenta y ocho años, sonrosado y bonachón, al que diez años de trópicos no habían conseguido aficionarlo a las mulatas, pero sí a las nalgas gordas y paradas. Quedó convencido de que gracias a la mediación de Calahorra, aquel joven rubio y muy tostado había ido al hotel para entregar a su amiga una conversación grabada de altos funcionarios. Con esa información, Margaret escribiría un artículo sensacional. El problema –le había explicado ella– era que de ningún modo se arriesgaría a escribirlo sin asegurar esas cintas. Eran la carta bajo la manga que ella quería guardarse, por si el gobierno cubano le enfilaba luego los cañones a su periódico. En cuanto ella las dejara oír, obrarían como un poderoso tranquilizante de la seguridad cubana.

Alfie no era capaz de negarse a un pedido de Margaret. Ni tenía por qué dudar de que aquel muchacho al que él debía seguir, fuese el chofer particular de un ministro. Ni tenía por qué dudar Tony de las intenciones de aquella buenota, arrebatada por él, que lo interceptara en la Avenida Primera. Y el 28 de abril, en una cama del hotel Jagua de Cienfuegos, Margaret conoció por fin el secreto de Tony Santa Cruz. Entre armar su trampa y ponerse al acecho, ella había invertido trece días.

Y al siguiente domingo, por la noche, Tony leía acostado una revista y ella escuchaba en su Zenith transoceánico, un programa de noticias, difundido por una emisora de Miami. De pronto, Tony se paró de la cama en un brinco epiléptico, profirió una maldición y soltó un puñetazo furioso contra la pared del cuarto. Ella lo vio acercársele con una palidez horrible y la cara desencajada. Parecía que se hubiera indignado con ella. Sintió miedo pero mantuvo la calma. Él le extendió una revista *Bohemia*, abierta en una de sus últimas páginas.

—Lee —le ordenó conminatoriamente, apuntando con el índice sobre un recuadro marrón. Ella leyó:

> En el número del 9 de marzo, la Sección Correspondencia publicó una información, en respuesta a una inquietud numismática del lector Alberto del Valle, de la Calle Águila # 913 en Ciu-

dad de La Habana. En esa oportunidad le explicamos que la Ceca de Sevilla había emitido, en 1598, el referido escudo de oro, para celebrar la coronación de Felipe III, y que la mencionada pieza está evaluada hoy en día, en US $ 5.570. Pues bien, un numismático lector de esta sección, el licenciado Rodrigo Inclán Valderrama, ha tenido la amabilidad de ampliar la información divulgada por nosotros, haciéndonos saber que, por un fraude de un acuñador llamado Fadrique, cuya deliciosa historia no hay espacio para referir en esta sección, algunos de esos escudos en los que la P de PHILIPPUS, lleva yuxtapuesta por la izquierda una barra vertical paralela, con dos paticas transversales que conforman, para el que mire atentamente, una F (de Fadrique), se tasan a un precio mucho más elevado. El licenciado Inclán nos informa además, que en una subasta efectuada recientemente por la firma Cohen & Cohen de Nueva York, veintiuna de esas monedas fueron adquiridas por un precio conjunto de novecientos veinticuatro mil dólares, al precio de cuarenta y cuatro mil cada una.

Tony quiso marcharse inmediatamente de regreso a La Habana. Dijo que no iba a poder comer, dormir, ni hacer el amor, ni nada, pensando en la trajiná que le había dao el hijueputa de Calahorra, y quería llegar cuanto antes a su casa y salir de dudas, y si el singao remaricón lo había trajinao, se iba a arrepentir, y cinco horas más tarde, sobre las dos de la mañana, Margaret parqueaba su Triumph a una cuadra de la casa de Tony, y diez minutos después penetraban en casa de ella; y a simple vista se veían, sí, mirando atentamente se veían las dos barras verticales, absolutamente increíble, y en menos de un minuto, Margaret comprobó que las sesenta y una monedas eran *todas* fadriques. ¡Fabuloso! Se veían sin necesidad de lupa. (No se atrevió a sacarla. Desde que llevara a Tony a su casa, había ocultado todo indicio de sus conocimientos numismáticos). ¡Qué certera intuición! Cuando apareció la primera moneda, le pareció normal. Pero ante las otras veinte, comprendió que alguien, a quien Calahorra conocía, había dado con el lote incautado por el rey de España alrededor de 1605, como reseñaba el catálogo. No cabía otra explicación para que aquellas piezas rarísimas *aparecieran juntas.* La crónica mexicana que le había hecho leer Jesús, hablaba de dos mil monedas. Entonces ¿por qué no cazar al misterioso proveedor? Quizá tuviera todavía muchas más.

Bien. Ya las monedas eran suyas. En los EE.UU. ella sacaría no menos de quince billetes de los grandes por cada una, y eso hacía un total de novecientos quince mil dólares. Casi un millón, *cash*. Eso valía para ella Antonio Santa Cruz.

En su casa procuró persuadirlo de que ahora tenía verdaderos motivos para alegrarse, no para enfurecerse. Pero él no quiso oírla. Recogió la bolsa con las monedas y rehusó que ella lo condujera hasta su casa.

—Oh, es peligroso andar con todas esas monedas encima. ¡Quédate a dormir conmigo!

—Está bien —dijo Tony dejando otra vez el saquito sobre la mesa—. Pero ahora voy a salir a caminar un rato, a ver si se me pasa el encabronamiento y puedo dormir.

En cuanto Margaret conoció los negocios de Tony con Calahorra, vio con claridad el panorama de lo ocurrido con los veintiun fadriques. Tony había ganado cuarenta y cuatro mil dólares: cuatro mil por el primero y cuarenta mil por el resto; el habilísimo Calahorra, se embolsó ciento seis mil dólares: seis mil con el primero y cinco mil en cada uno de los veinte restantes, comprados por dos mil y revendidos a siete mil; y ella, se había ganado doscientos setenta mil en total. Pero la firma Cohen & Cohen, si los datos publicados por el tal Inclán en *Bohemia* eran ciertos, se había ganado quinientos cuatro mil dólares, menos los gastos del experto en su viaje a Cuba.

Así es la vida: el vivo vive del tonto y el tonto de su jodida madre. (No recordaba dónde había oído aquel dicho. ¿Perú, México, Nicaragua?)

14

En el momento en que Margaret Gaylord, sin dejar de afinar su novísimo plan, iniciaba ante el espejo su sesión cotidiana de cosmética nocturna, omitida durante los días que pasara en el hotel de Cienfuegos, Tony –manos en los bolsillos, labios apretados, ojos encendidos– atravesaba a grandes zancadas el puente del río Almendares, como si tuviera prisa por alcanzar algún término. Media hora después se detenía en una esquina del Nuevo Vedado.

En verdad, Tony no se había propuesto ningún término del espacio habanero; pero sí una determinación. Y en esa esquina de la ciudad adonde llegara a la deriva, como llegan a todas partes los que caminan para adentro, los impelidos por el odio, el miedo, las pasiones enajenantes, en esa esquina, Tony se detuvo para salir de sí mismo.

Ya había decidido, resuelto, tomado la determinación irrestricta de librarse de la ansiedad que lo acompañaría indefectible, minuto a minuto, mientras no la aplacara con sangre.

Mataría a Calahorra, cuanto antes.

Durante casi una hora de marcha, se había dado varias razones en contra. Había intentado aceptar serenamente los argumentos de Margaret. «Aquella noticia debía alegrarte en lugar de enfurecerte.» ¿Cómo era posible que se pusiera así, cuando acababa de enterarse de que sus monedas lo convertían en un hombre rico, con un futuro lleno de halagos, con la seguridad de una nueva vida para él y su madre, fuera de Cuba?

Fue inútil. Como las doncellas medievales que, incapaces de resistir los apremios de la carne, se condenaban a la prostitución, el oprobio y el fuego eterno; como el gitano que mata en público y prefiere la prisión y la muerte a vivir mancillado en su hombría, Tony renunciaría a cualquier cosa, antes que a su venganza.

Primero muerto...

Haría las cosas con cuidado, sin correr riesgos ni dejar rastros.

Hasta vacilaría el caso. Sonrió por primera vez, desde que leyera la nota en *Bohemia*.

Reinició su marcha bordeando el muro del Cementerio Chino. Calahorra moriría sin sepultura. Cuando sintió su pecho sosegado ya, pudo caminar más despacio. Volvió a inspirar profunda y rítmicamente. Al llegar a las inmediaciones del hotel Riviera, estaba sereno del todo.

En el muro del malecón, asiento de sus grandes decisiones, trazó el plan completo de su venganza. Amanecía ya cuando atravesaba, de regreso a Miramar, el túnel de la Quinta Avenida. Ese día tampoco se ocuparía de sus nasas. Iba apremiado por un repentino deseo de Margaret.

Esa misma mañana llamaría a Calahorra al trabajo. La sentencia se cumpliría, a más tardar en una semana.

La encontró despierta, fumando. Ella también lo esperaba con deseos. Después de apaciguarse y sendas duchas calientes; después de la leche fría con bocaditos de jamón para Tony y el scotch para Margaret, llegó el momento de hablar de negocios.

Él usó un tono frío. Como si no hubiera nada entre ellos. Estaba persuadido de que con aquella mujer lo mejor era hablar de frente. Ella vacilaba la cama, pero, como todas, quería dinero. Era justo. Lo que ella podía hacer por su mamá, valía ampliamente veinte monedas.

¿Ella se comprometía a poner la fianza en la Yuma?

Se quedó pensativa y se acostó de lado sobre el pecho de Tony, mirando hacia sus pies.

Él temió que si le esquivaba la mirada y se ponía muy gatuna, era para sacarle una tajada mayor. ¿Le parecería poco veinte monedas? Si en la subasta ésa habían sacado casi un millón por las otras veinte, ella debía poder conseguir por lo menos la mitad, y vaya, casi medio millón...

Tony tenía que saber, desde un principio, que ella jamás comprometería su buen nombre ni su prestigio de periodista internacional, poniéndose a sacar monedas fuera del país. Eso debía quedar muy claro. ¿Okey?

Se sentó en la cama y lo miró a los ojos.

Bueno..., Tony no había pensado...

Y si él tenía agallas para irse remolcado, metido en un traje de goma, tal como había planeado, ella misma se encargaría de conducir el yate que lo sacara de Cuba.

¿Ella? ¿Al timón de un yate? ¿De verdá? Pero... ¿pero era posible eso?

Sí, perfectamente posible.

Bueno, y entonces, qué era lo que ella quería a cambio de eso.

Nada, no quería nada. Lo quería a él. Quería ayudarlo, y esperaba que cuando viviera en los EE.UU. nunca se olvidara de ella.

Pero, en Cienfuegos, ella había hablado de negocios.

Ella bebió un par de sorbitos, encendió un cigarro, y sí, al principio había pensado en hacer con él un negocio y ganarse algún dinero; pero cuando le cobraba afecto a la gente, ya no era capaz de hacer negocios.

Por primera vez, Tony Santa Cruz pensó que quizá no tuviera que seguir viviendo siempre como un lobo solitario. Después de todo, había algunas cosas lindas en la vida.

15

Sorprende a Mauricio Cohen proponiéndole un negocio que ya no es de veinte sino de sesenta y un fadriques. Para vencer su incredulidad, le exhibe la foto en colores de las monedas, que ella tomara durante la madrugada aquella, cuando Tony ambulaba colérico por las calles de La Habana. Lupa en mano, Cohen se convence de que son auténticos fadriques, y con el gastado argumento de la exclusividad menguada, ofrece diez mil dólares por cada una.

Margaret se quita los espejuelos oscuros y lo mira con asco, como si fuera una rata recién entrada por el ventanal. Frunce el entrecejo impaciente y se da una palmadita en un muslo.

—*Oh, no, Maurice baby, I'm short of time, no bullshit, please*?

—¿Y el riesgo? Es casi un millón de dólares, ¿y si por un azar, la aduana...?

—Ningún riesgo —lo interrumpió Margaret—. Esta vez no tendrás que enviar a nadie por ellas. Yo misma te las pondré sobre este buró.

Negoció con maestría. Si había obtenido veinte mil por cada moneda en el primer lote, ahora no cedería un centavo por debajo de quince mil.

Él se echó a reír, apretándose teatralmente la cabeza.

Ella lo cortó en seco.

Si él no aceptaba de una vez y sin regateos, las sesenta y una monedas llegarían a Londres en menos horas que las que sumaban.

El semblante de Cohen expresaba ahora piedad ante tanta demencia.

Ella tenía en La Habana una persona de su confianza, que esperaba un llamado suyo, con pasajes comprados y un pie en la escalerilla del avión...

—*Nonsense, shit, shut up*! —Maurice se paró dando un puñetazo sobre el brazo del sillón—. ¡Tú no sabes nada de este negocio! ¿Cómo vas a pretender un setenta y cinco por ciento del primer valor, cuando estás inundando el mercado con un lote que triplica al primero? ¿Nunca oíste hablar de oferta y demanda?

Como si no lo hubiera oído, ella comentó que sesenta y uno por quince mil era igual a novecientos quince mil dólares, a los que Cohen & Cohen sacaría no menos de tres millones, pero ella, modesta, sin ambiciones, se conformaba con novecientos quince mil, y por eso estaba allí, y no para oír su blablá sobre oferta y demanda, de modo que *take it or leave it*, quince mil *or nothing*.

Resoplando de ira, Maurice se dirigió a la puerta, la abrió de un tirón y se quedó tieso, de perfil, en elocuente actitud de «vete a la mierda que no te soporto más las idioteces».

Ella salió en actitud altanera y él tiró la puerta con rabia.

Por el vidrio refractario la vio atravesar el gran salón entre las mesas de sus empleados y seguir hacia la puerta que daba al pasillo. Comprendió que había perdido. ¡Una tipa del carajo, Margaret!

Atravesó la oficina en pocas zancadas y la alcanzó cuando ya doblaba el pasillo hacia el elevador.

—Okey, okey, tú ganas —le dijo, con los brazos en alto.

Ella se volvió con un sonrisa obvia.

Sabía que ganaría.

—Okey, novecientos quince mil por sesenta y una piezas. ¿Cuándo me las traes?

—Alrededor del 15 de mayo.

—Tienes una puñetera fijación con el quince ¿eh?

—Si no te gusta, págame el 16, *you asshole*!

—¡Ve a que te singuen!

Y volvió a su despacho en medio de una enorme carcajada.

No era para menos. Aquel negocio le reportaría un millón y medio, quizá dos. Por las primeras veinticinco sacaría una media de cuarenta mil, con lo que recuperaría la inversión: y el resto lo vendería de a poco, no más de ocho o diez monedas por año, sin mucho ruido, para no tumbar el mercado.

¡Qué bella era la vida!

Poco antes de mediodía, el redactor jefe de *Sea Air Weekly Sports* aceptó una exclusiva suya sobre el Torneo Hemingway para pesca de la aguja, que tenía anualmente lugar en aguas de Cuba. Se trataba de hacer entrevistas *in situ*, con abundante material fotográfico. Ella era una experta en la modalidad y dos años antes había integrado la tripulación de un yate que obtuviera el tercer lugar. Y para este año ya estaba acreditada ante el gobierno cubano. Exhibió una credencial expedida en La Habana el 2 de mayo, por la Comisión Organizadora del Torneo Hemingway, que la autorizaba a «navegar por las aguas del certamen, durante los días 10 a 20 de mayo de l981». Exhibió también sus propias fotos de cuando participara en las competencias del setenta y nueve, y varias de las piezas capturadas.

La revista preparó un contrato, le hicieron un anticipo de tres mil dólares y le abrieron un crédito para alquilar a cuenta de la revista, un yate adecuado que ella misma escogería.

A las cuatro de la tarde del día siguiente, embarcaba en Key West rumbo a La Habana. Viajaba sola. No quería a nadie a bordo. La mar estaba serena y el cielo despejado. En el vientre de un enorme pargo que congeló y guardó en el *freezer* antes de zarpar, había escondido una Colt calibre 38 largo, comprada en una armería de Nueva York.

Mientras el viento salitroso le azotaba el rostro, pensó que la vida era hermosa. Valía la pena. A mediados de mayo, ingresaría *nine hundred and fifteen grand* en su cuenta bancaria. Eso la convertiría en una mujer más atractiva, más inteligente, más joven.

A las dos horas de navegación divisó el perfil amarillento de Cuba.

Miró hacia arriba.

El cielo era azul y la vida bella.

16

La manifestación del Primero de Mayo en la Plaza de la Revolución, lo ahuyentó hacia los barrios del este. En dos horas llegó caminando por el malecón, desde Miramar hasta el paradero de Casablanca. Embarcó en la lancha del cruce y, una vez del otro lado, se internó por un camino solitario hasta salir al reparto Bahía. Atravesó ensimismado las calles desiertas, entre los altos prismas multicolores de los edificios y llegó a la Vía Blanca. Luego cruzó hacia Cojímar. Sentado junto a la glorieta donde está el busto de Hemingway, estuvo un rato contemplando el mar. La larga caminata le había despertado hambre. A eso de las dos de la tarde, reemprendió el regreso por el mismo camino. Le gustaba sentir mucha hambre. Poca, no. No la soportaba y tenía que echarse algo a la boca. Mucha, en cambio, le resultaba estimulante. Le avivaba el ingenio y el instinto de conservación, de supervivencia. Era un mamífero carnicero.

Al pasar frente al Castillo del Morro, ya había elaborado todos los detalles. Apuró el paso. Desde que saliera de Miramar, a eso de las seis de la mañana, comenzó a repasar todas sus relaciones con Calahorra. Públicamente, sólo se había exhibido con él en cuatro lugares: el hospital Calixto García, el Conejito, el Polinesio y Coppelia. Nadie los había visto juntos aquella vez en que se encontraran en una esquina del Vedado, ni en casa de la hermana, cuando fue a mostrarle las veinte monedas. Sólo en el Polinesio, Jesús había llamado por su nombre a uno de los camareros. Pero ¿y a qué tanto misterio? Mientras el cadáver no apareciera, nadie se tenía por qué ocupar de Tony. Y según su plan, Calahorra nunca aparecería.

Al día siguiente, dos de mayo, un miércoles, Tony tiraría su primera línea. Y estaba seguro de que dos o tres días después, Jesús Calahorra se tragaría la carnada con anzuelo y todo.

—¿Puedo hablar con Jesús, por favor?

—Un momentico.

La recepcionista comunicó con la oficina y contestó el propio Calahorra.

—¿Dígame?

—Le habla Tony...

—¡Vaya, qué sorpresa! Andabas perdido... —Calahorra no puede evitar cierta inquietud. ¿Llamaría para quejarse de algo?

—Es que la pincha está de madre...

El tono era amistoso. ¿Tendría más monedas?

—Pero aunque fuera para saludar, podrías haber llamado ¿no?

—Me hace falta verlo urgente —interrumpió Tony, acabando con las formalidades.

—¿De qué se trata?

—De algo parecido a lo de la última vez, pero mucho más grande.

Calahorra trató de apurar el diálogo.

—¿Te parece bien en el bar del Polinesio a las ocho y media?

—¿Usté dice pa comer?

—Sí, te invito.

Tony se lo esperaba; pero ni loco se dejaba ver de nuevo con Calahorra en el Polinesio. Ya tenía preparada su respuesta.

—Mire, Jesús: yo preferiría tomarme unos laguer y ahí se demoran mucho en servirle a uno. ¿Por qué no nos vamos al bar ése de 23 y G?

—¿Rancho Luna? Sí, perfecto. ¿A las ocho y media, entonces?

—Anjá. Yo lo espero adentro.

Antes de llamarlo, ya Tony había escogido Rancho Luna. El intenso movimiento del bar, y sobre todo la oscuridad, se acomodaban a lo que él necesitaba.

Entró a las siete y media. El bar estaba atiborrado y tuvo que esperar diez minutos de pie, en un rincón, hasta que se desocupó una silla en una de las mesas del palco, donde quedaron dos hombres solos, que media hora después se fueron. Enseguida aparecieron dos tipos de otra mesa, a preguntar si las sillas estaban desocupadas. Tony les dijo que sólo dos.

Todo le salió al pelo. Cuando entró Jesús, él ya tenía la mesa, una silla reservada, la vista habituada a la oscuridad y tres cervezas adentro.

Tuvo que llamarlo dos veces en medio del bullicio. Un camarero flaco, alto, al que le decían el Polaco, lo guió unos pasos hasta los peldaños, donde lo esperaba la mano de Tony.

Cinco minutos después, cuando Jesús aún veía bultos difusos, Tony pudo distinguirle un singular revoloteo en los ojos. Y en cuanto le mencionó el tesoro, Calahorra comenzó a roerse la uña de un meñique y su mirada adquirió una indisimulada fijeza. Quizá creyera que lo protegían las sombras.

Bueno, sí, que Tony se explicara. ¿A qué profundidad estaba?

A unas veinte brazas, pero con una careta, cualquiera podría ver el cofre y el cañón. ¿Calahorra podía nadar dos o tres cuadras?

Sí, cómo no, nadando pecho y flotando a ratos, podía aguantar horas dentro del agua. Pero lo que no se entendía, chico, era cómo nadie había visto antes el tesoro ése, porque si se podía distinguir desde la superficie...

Bueno, no no, tampoco era así, tan de jamón, lo que pasaba era que en ese lugar era donde Tony había encontrado el cofrecito con las ocheta y dos monedas...

¿¡Cómo que ochenta y dos!?

Sí, je je, y en ese maletín que Tony encimaba junto a las botellas, tenía las sesenta y una monedas que le quedaban, y si Calahorra quería hacer negocio al mismo precio...

Sí sí, bárbaro, pero que guardara eso para después, y que ahora le siguiera contando cómo era que nadie había visto aquello antes que él.

Chico, ¿quién iba a ver lo que estaba tapao por un montón de arena y un enredijo de matas?

¿Y cuánto eran veinte brazas?

En metros, treinta y seis.

Calahorra calculó que era como bajar desde un piso doce hasta la calle. ¡Pa su madre! ¡Qué pulmones!

No no, de pulmones na', la cosa había sido con un par de acualones bitanques, que le había comprado a un francés, y entonces, después de encontrarse el cofrecito con las ochenta y dos monedas, se había puesto a pensar cómo cojones podía haber llegado allí sin que hubiera cerca ningún resto de barco hundido ni la cabeza 'e un guanajo, y poco después había leído en una revista *Mar y Pesca*, que por todas partes en los mares de Cuba había montones de barcos hundidos, pero que siempre aparecían cubiertos de arena o coral y el cará, y como a cinco metros de donde hallara el cofrecito, había una loma grande toda cubierta de matas, y Tony pensó que a lo mejor debajo había un barco hundido, y se consiguió una barreta y un pico y los dejó caer por ahí mismo, que se fueran al fondo, y al día siguiente, antes de que amaneciera, se llevó los acualones escondidos en un bolsa de lona...

¿Y por qué escondidos?

¡Coño! ¿Jesús no sabía que sin la propiedad nadie podía andar en la costa con esos equipos?

Sí, por supuesto ¿y Tony no la tenía?

No.

¡¿?!

¡Coño, no la tenía porque la vida es así, chico!

Bueno, sí, okey, que le siguiera el cuento...

¿Cómo que cuento?

Vaya, que Tony no fuera tan suspicaz, Jesús quería decir que le siguiera el relato, por cierto interesantísimo.

Bueno, y entonces, ran, Tony había hecho así y se había puesto a picotear toda la loma aquélla, y vaya, Jesús podía pensar lo que quisiera, pero Tony no era ningún comemierda; Tony, en fin, no tendría la escuela de Calahorra pero filtraba un mazo, y que Jesús no se equivocara con él.

Y por su parte, Calahorra consideró que semejante gratuidad de Tony no hacía sino confirmar su estupidez general a la que se sumaba ahora una insólita soberbia y un engreimiento digno de un gran comemierda, y con la vista acostumbrada ya a la oscuridad, le levantó dos dedos al Polaco, copiando lo que veía hacer a los parroquianos de las otras mesas.

Y, vaya, no no, Calahorra nunca había pensado eso de Tony ¿cómo se le ocurría? Nadie que oyera la historia del túmulo ése... ¿Del qué?

De la loma, chico, y que le siguiera contando, estaba de lo más interesante. ¿De modo que se había puesto a perforar alrededor?

Sí, anjá, y entonces, en una punta de la loma había aparecido un cofre.

¿¡Otro cofre!? ¿De qué tamaño?

Como el doble de una caja de cerveza.

¿De verdad, Tony? ¿Y qué había adentro?

Bueno, él no había querido abrirlo, porque tenía un agarre con cadenas, y para poder levantarle la tapa, habría tenido que agrandar mucho el hueco, y después ¿cómo iba a hacer para mantener todo aquello escondido? De modo que como Tony no era ningún comemierda, en vez de agrandar el hueco lo había tapado, porque si no, cualquier pescador submarino podía verlo.

Sí, sí, claro, Calahorra comprendía, Tony había actuado con tremenda inteligencia.

Y entonces, después de perforar en otro lugar, había destapado uno de esos cañones del tiempo de antes, y después había averiguado que si era de bronce, podía valer veinte o treinta mil billetes, y en fin, Tony se había puesto a pensar que si le metía mano a desenterrar aquello por su cuenta, en pocos días terminaría por llamar la atención a los pescadores de la zona y alguno terminaría por chivatearlo al gobierno, y en ese caso, él prefería hacer un negocio legal, y seguro que de todos modos podía ganarse un paquetón de pesos, pero antes de eso, quería proponerle a Calahorra que le ayudara a desenterrar el cofre.

¿Cómo ayudarlo?

—Bueno, una ayudita ahí, na más que pa sacarlo, y después, que me ayude a negociar lo que hubiera.

—¿Tú dices para venderlo afuera?

—Sí, eso, pa lo que aparezca en el cofre —dijo Tony—; pero también que me ayude a hacer el trámite de los cañones y lo demás con el gobierno.

—¿Y eso, cómo sería?

—Al serrucho en todo, pesos y dólares, pero usté da la cara.

—Claro, claro, en eso no hay problema, de alguna manera nos ponemos de acuerdo...

Tony dejó de oírlo y se quedó mirándolo. ¿Cómo harían los pescaos? ¿Le jamarían primero la nariz? ¿Los dedos?

—¿Y tú dejaste todo bien cubierto?

Tony sirvió un vaso hasta verlo desbordarse y se inclinó a sorber la espuma. Calculó que iba por la séptima, y no sentía nada. Otras veces, con tres se mareaba y tenía que parar. Con el dorso botó al piso la espuma derramada y se empinó medio vaso.

—Sí, lo cubrí con arena y corté matas por ahí cerca y las dejé amarradas sobre los huecos que abrí.

Calahorra asintió aprobatoriamente. Era evidente que ya estaba entrando en funciones, un poco como director del rescate.

Tony se llevó otra vez el vaso a los labios para encubrir una sonrisa.

Los pescadores cubanos llaman «cabezos» a las formaciones rocosas que emergen del fondo, y en cuyas concavidades se hospedan muchos peces. El Cabezo de Setenta, así llamado por encontrarse a la altura de la calle homónima, aparece a unos setecientos metros de la costa, sobre el segundo beril. En ese cabezo hay dos cuevas, una hacia el oeste, a una profundidad de catorce brazas, y otra hacia el este, a unas dieciocho. Tony sólo se había asomado una vez, en apnea, a la más profunda, y recordaba una longitud interior de unos cuatro o cinco metros. Sabía que ningún pescador, salvo dos o tres del equipo nacional en busca de entrenamiento, se metería a cuevear a dieciocho brazas. Sería una insensatez. Y la gente del equipo, ya hacía mucho que no entrenaba por allí. Andaban por Cayo Largo e Isla de Pinos.

Para los preparativos de ese día, además de los acualones, sólo había llevado su escopeta, una linterna y un metro y medio de alambre. Seguro de que nadie lo viera ponerse los acualones, se tiró al mar por una entrada de la calle 76. Nadó bajo el agua unos trescientos metros, hasta el primer beril y luego hacia el este. Emergió un poco antes de la calle 70; se marcó por el hotel Tritón y nadó sobre una vertical a la costa, hasta el segundo beril, que en ese lugar, dista unos cuatrocientos metros del primero.

Cuando sintió que la fuerte corriente del segundo beril lo arrastraba vuelta arriba, es decir, hacia el este, volvió a marcarse por la costa y supo que ya estaba cerca del cabezo. Se lo confirmó la mancha de chopas, unos peces negros, habitantes del cabezo, extremadamente curiosos, que al salir a enterarse de quién los visita, sirven precisamente de señal al pescador avezado. Sin posibilidad de error, debajo de la mancha, aparecen las rocas.

La cueva del este tenía, efectivamente, una extensión longitudinal de unos cinco metros. Perfecto. Hacia el final, se angostaba bastante, pero dejaba suficiente espacio para que Calahorra entrara completico.

Bárbaro. Y además, a ambos lados interiores, había abundantes formaciones de gorgonia, parecidas a un coral, de color pardusco, muy frecuentes en las cuevas submarinas de las costas cubanas, y por cierto, extremadamente duras. De una de esas protuberancias, Tony amarró una punta del alambre que había llevado. La otra quedó suelta. En total, había permanecido unos dos minutos y medio dentro de la cueva. Consideró que podía salir a flote sin descompresionar.

Al día siguiente, a las 5:10 de la madrugada, hora en que habían concluido todas las guardias de los CDR, Calahorra y Tony se encontraron en la esquina de 74 y Mar; cruzaron la avenida y se internaron por un trillo arenoso; luego avanzaron unos diez metros sobre un diente de perro compacto hasta una entrante de la costa.

Calahorra, cumpliendo instrucciones de Tony, vestía sólo camisa, pantalón y unos tenis, que se quitó mientras el pescador inflaba a pulmón una balsa playera doble. En cuanto hubo terminado, se desvistió, guardó sus ropas y las de Calahorra en una bolsa de nylon y escondió el bulto en un hueco que conocía de sus andanzas por la zona donde, según dijo, quedaba a cubierto de ladrones. Además, hasta bien entrado el día, nadie aparecería por allí, y menos un viernes.

Calahorra montó en la balsa. Tony cargó en ella, además, un cinturón con veinte libras de lastre, la bolsa con los acualones, su escopeta, la linterna y un carrete de hilo de nailon. Y así, al impulso de las patas de rana y un lento remar con los brazos de Calahorra, se fueron alejando hacia el primer beril. Tony había advertido a Calahorra que si por una casualidad veía acercarse las lanchas de guardafronteras, él dejaría caer al fondo los acualones y ambos dirían que pensaban pescar un poco en el beril. Pero no apareció ninguna lancha, y veinte minutos después llegaron a la corriente del segundo beril, en el momento en que ya alboreaba la mañana. Tony preguntó a Calahorra en cuánto había vendido los fadriques. Usó deliberadamente el término fadriques. Calahorra comprendió de inmediato, que Tony había leído la nota de Inclán en *Bohemia.* Y comenzó a sentir una gran inquietud. ¿Por qué Tony le sacaba aquello, ahora, en medio del mar? ¿Por qué no se lo había comentado antes? ¿Por qué había dicho en Rancho Luna que él no era un comemierda? Comenzó a sentir una gran inquietud pero consiguió dominarla.

—¿Los qué?

—Los fadriques que me compraste en dos mil pesos.

Aquel tuteo que Tony le dedicaba por primera vez le heló la sangre. Indudablemente estaba en peligro. Pero también esta vez consiguió mantener la calma.

—Tú dirás los escudos.

—No —insistió Tony—, los fadriques.

—No sé de qué me estás hablando, chico —dijo Calahorra y volvió a recordar a Tony insistiendo en que no era un comemierda.

—Tú sí sabes —le dijo Tony desde atrás, sin dejar de patalear.

Calahorra se volvió a mirarlo. En la penumbra del amanecer divisó un rostro muy duro, unos ojos de loco dolorido, una mirada empinada, como si no estuvieran abajo sino arriba de él.

—¿Tú sabes lo que es ser caballo y caballito en los muelles de Cuba? —prosiguió Tony sin esperar respuesta, mientras observaba el negrear de las chopas.

—No —fue lo único que atinó a decir, dudando entre ponerse a gritar o tratar de convencerlo de que había un error en todo aquello que él creía.

—Lo que más rabia me da en este mundo es ser caballito, Jesús.

—No te entiendo, chico, explícate.

—Lo que más rabia me da es que me trajinen, Jesús, y tú me trajinaste.

En los rasgos y la voz de Tony había ahora la inminencia de un llanto.

—¿De verdad, chico, que tú crees que yo pueda ser capaz de...?

—Vas a morir, Jesús —lo interrumpió Tony.

—¡Soco...!

Tony le había retorcido un tobillo. Lo hizo caer de bruces en el mar, cuidando de que los acualones y el lastre no hicieran zozobrar la balsa. Calahorra manoteó un instante boca abajo, tragó agua mientras retorcía la cabeza para coger aire. Tony le soltó el tobillo y se alejó un poco para acomodar con toda calma las cosas sobre la balsa, de modo que se mantuviera en equilibrio.

Calahorra comenzó a toser y a llorar y a gritar con desesperación mirando hacia la orilla.

—¡Socorro policía, guardafronteras, socorro!

Tony se dedicó a apotalar la balsa, dejando caer el cinturón amarrado al cordel de nailon. Sabía que a setecientos metros de la costa, y con brisa del sur, nadie oiría los gritos. Antes de retorcerle el tobillo, se aseguró de que no hubiera a la vista ninguna embarcación.

Y ahora, comenzó a nadar alrededor de su presa. Calahorra dejó de gritar y comenzó a llorar y a suplicar.

—¡Cállate! —le gritó de pronto.

Aquel grito le dio cierta confianza a Calahorra. Dejó de hablar y se tragó el sollozo. Intentó nadar hacia la balsa, pero Tony se le interpuso. Calahorra pensó que quizá Tony no quería matarlo, sino darle un susto.

—¿Viste cómo te tragaste el cuento del tesoro, comemierda? ¿También me querías trajinar en esto, verdá?

Y mediante una maniobra de una rapidez insólita, lo atrapó por la espalda y levantándole ambas manos por detrás, hasta colocárselas casi a la altura de la nuca, se le montó a horcajadas sobre la cintura, pero sin sumergirlo del todo, merced a un intenso batir de las patas de rana. Así estuvo un rato hundiéndolo y sacándolo para permitirle respirar, entre vomitos y gemidos. Y mientras simulaba el ritmo de un galope le decía al oído:

—Caballito, caballón.

A los dos minutos Calahorra dejó de gemir. Tony sintió el repentino ablandamiento de su músculos. Estaba ahogado. Pero todavía tenía algún aire en los pulmones y el cuerpo flotó un rato a media agua, hasta que despidió una gran burbuja y se fue lentamente hacia el fondo. En ese momento comenzaba a propagarse la luz sobre el mar serenísimo de mayo.

Todo le había salido bien. Nadó unos metros hasta donde tenía apotalada la balsa y se colocó los acualones y la careta. Tomó la escopeta, se amarró la linterna al cinto y descendió hasta la cúpula del cabezo en el momento en que el cadáver, de una blancura lunar, se deslizaba de espaldas sobre un talud gris, con los ojos abiertos.

Tony se pasó la escopeta a la derecha, agarró a Calahorra por los pelos de la nuca, y guiándolo desde atrás, lo condujo hasta la entrada de la cueva. Soltó el cadáver, sacó la linterna e iluminó el interior. Unos peces pequeños se refugiaron en el fondo.

Metió a Calahorra con los pies hacia adentro. Cuando chocó contra la pared, otros pececillos se escurrieron por debajo. Volvió a encender, buscó la punta suelta del alambre que había atado el día anterior. De nuevo a oscuras, le dio unas vueltas por el cuello y lo amarró a la misma gorgonia donde estaba el extremo fijo. Antes de marcharse, lo despojó del anillo y de la trusa. Encendió y revisó. Chévere. El alambre impediría que el cadáver abandonara el túnel y saliera solo a flote. Cuando los gases de la descomposición no encontraran salida, reventaría el vientre. Los peces, sobre todos los más pequeños, devorarían las partes más blandas: ojos, nariz, orejas, yemas de los dedos. En quince días sería irreconocible.

Tony estaba seguro de dos cosas. El cadáver no saldría a la superficie, y nadie se pondría a cuevear a dieciocho brazas. Probablemente, el esqueleto pelado de Calahorra pasara allí meses antes de que lo hallaran.

Tony ascendió los primeros diez metros lentamente, para ahorrarse tiempo de descompresión; y al llegar a tres metros de la superficie, se detuvo por tres minutos, antes de salir a flote. Embolsó los acualones, recogió el cinto y, montado en la balsa, dejándose impulsar por la corriente del segundo beril, salió frente a una escuela en ruinas a las 6:20. Se vistió, desinfló la balsa, la metió en el saco junto a los acualones, el cinto, la linterna y el carrete. Cargó todo al hombro y cogió la escopeta con la otra mano. Silbando bajito, se fue por Primera hasta su casa.

La vieja acababa de levantarse y trasteaba en la cocina. Tony se encerró en su cuarto y cuando quedó solo, quemó los documentos de Calahorra. Tijereteó sus ropas y las envolvió en tres paquetes pequeños, que a las 8:30 caían en distintos tanques de basura, en el Vedado. El anillo se perdió a las 9:00 frente al muro del malecón, a la altura de la Rampa.

17

Margaret entorna los ojos. Los chorritos de la ducha, muy calientes, punzan su piel; cientos de líquidos dedos la masajean, en un *stacatto* que dilata sus poros soñolientos. Ha dormido varias horas, pero se siente cansada. Ahora deja que el agua salga bien fría. Quiere estar muy lúcida para el encuentro con Tony.

Quince minutos antes, a la medianoche en punto, ella se había asomado al ventanal de la sala y allí estaba él, según lo convenido.

Se enjabona con ternura. Se seca. Antes de salir hacia la alcoba, grita:

—¿Listo?

—Sí.

Mientras se pone una blusa china que usa como *deshabillé*, Margaret repasa detalles del nuevo plan.

Cuando entra, ve a Tony de espaldas, sentado en el butacón, con una lata azul de cerveza en la mano, ensimismado en la escena de violencia que le entrega la cinta que gira en el vídeo. Él la oye acercarse y le sonríe a través del espejo. Viste ya los mocasines negros, los pantalones grises, el amplio buzo blanco sin cuello y la gorra marinera, blanca y azul, con pasamanes dorados y un ancla sobre la lustrosa visera. Tiene en las manos los espejuelos oscuros y en la muñeca el Rolex. Está conmovido. El día de los Reyes Magos, sólo en dos ocasiones, su madre le había regalado juguetitos pobres. Después, nadie le había regalado nada. Nunca.

—Ponte el saco, ahora.

—A mí me gusta andar en pulóver.

Ella coge del espaldar de un silla el saco azul, cruzado, de botones dorados y con un gesto maternalmente autoritario, le obliga a ponérselo. Luego le coloca los espejuelos y le quita la gorra. De los largos cabellos rubios que cuelgan sobre la nuca, reparte algunos sobre las orejas, y vuelve a ponerle la gorra, algo ladeada. Él la deja hacer con una mueca de resignación. Margaret sabe que no es resignación, sino timidez y orgullo infantil.

Se retira unos pasos para admirarlo. Le pide que camine y lo observa complacida. Pese a sus movimientos desmañados y a la torpeza de sus manos que no sabe dónde ubicar, es un hombre de una inusual apostura. ¡Qué lástima!

—Perfecto —dice ella—. ¿Ves como era necesario tomarte las medidas?

Ni una arruga. Como si todo lo hubieran hecho por encargo.

Él se toca entre las piernas y ella advierte una poderosa erección.

—Así lo vas a romper —se burla.

Él se acerca y le sopesa un seno gordo. Ella verifica la entidad del bulto en las entrepiernas. Él se agacha para besarla.

—No, todavía no —dice ella y se aleja hacia una butaca—. Siéntate ahí, que quiero darte buenas noticias.

Tony intenta protestar, pero ella le pone una mano en los labios.

Buena noticia *number one*: Margaret ha obtenido en Nueva York la exclusiva para un reportaje en el Torneo Hemingway de la Aguja, y anclado en Barlovento tiene un yate de bandera estadounidense.

Y Tony dando un brinco y soltando un puñetazo de alegría en el aire.

¡¿De verdá?! ¿Y había venido timoneando ella misma?

Anjá, ella solita, ¿no se lo había prometido acaso?

Coño, sí, una jeba de palabra; una persona así, vaya, él...

Shut up! Y en ese yate, Margaret iba a sacar a su mamá por arriba y a él por abajo. El pretexto del torneo era la gran oportunidad que no podían desperdiciar. Pero la verdadera noticia; la noticia verdaderamente buena, era que Margaret había concebido un nuevo plan.

Él la mira con cierta desconfianza.

—No vamos a esperar que las autoridades cubanas den salida a tu mamá.

Él arruga el entrecejo y la nariz. No entiende.

—¿Cómo es la volá?

—Más sencilla —dijo ella, mientras se ponía crema en las manos y la frente—. La noche antes de regresar a los EE.UU., yo me llevo a tu mamá al muelle de Barlovento y la escondo en el yate...

—¿Y tú puedes...?

—La señora Santa Cruz embarcará sin ningún problema —dijo ella sin vacilaciones—. Yo he pensado todos los detalles. Aquí trataban bien a la prensa extranjera. Y *by the way* ¿tú dices que tu mamá es como yo?

—Sí, un poco más gordita, pero del mismo alto. ¿Y qué es lo que tú...?

—Buena noticia *number two* —volvió a interrumpirlo—: Fui en Nueva York al judío que le compró las monedas a Jesús...

En la firma Cohen & Cohen habían visto las fotos donde aparecían los sesenta y un fadriques sobre un paño de felpa negra. Margaret les mostró también la ampliación donde se veía mejor la FP, y ellos habían querido darle *ten grand*, sí, diez mil por cada una, pero ella les dijo que por menos de veinte billetes de los grandes, nada; y por fin llegaron a un acuerdo por quince mil, eso por supuesto, si Tony estaba de acuerdo, y Tony, dando cabezazos de gratitud, por supuesto, claro, cómo no, y Margaret había sacado la cuenta de que sesenta y una monedas a quince mil cada una, resultaban novecientos quince mil, casi un millón de dólares, y con eso Tony se podría comprar una buena casa, tener su propia embarcación, montar algún negocio de pesca, y en fin, Margaret suponía que aunque se llevara consigo a su madre y se casara con alguna latina joven y bella de las que abundaban en Miami, no por ello dejaría de invitar, de vez en cuando, a Margaret, para pasar juntos otros *week-ends* inolvidables... Sí, eso, fines de semana, como el de Cienfuegos, y Tony pensando que por fin, coño, se le empezaban a enderezar las cosas en la vida, y sí, vaya, seguro, qué mayor alegría para él que Margaret lo visitara allá de vez en cuando, y era su cuarta noche en la amplia alcoba de Margaret, en el perfumado ambiente Westinghouse, suave como el cuerpo de aquella hembra, y así debía de ser la paz que siempre había anhelado y nunca alcanzara, así debía de ser esa sensación sin nombre de vivir libre de jodederas, de odios y miedos. Ahora sí, coño, tenía por delante una vida nueva; en un país donde su mamá sería la señora Santa Cruz, y ella, ahora sí, sintiendo humedecérsele las entrañas y un deseo carnívoro, como el de algunas arañas asesinas y abrazándolo por la cintura, mordiéndole el pecho, y él zafándole los botones de su blusa china, y luego, *postrem*, para no turbar su placidez, Margaret roncó tan parejito y suave aquella noche, que hasta lo ayudó a conciliar el sueño a eso de las seis, cuando el sol estaba alto ya.

18

Los dos custodios de la entrada concluían su turno a las 6:00 de la mañana. La víspera, por la tarde, se había clausurado el torneo, y la mayoría de las embarcaciones pernoctaron en Barlovento. Desde la 10 de la noche hasta las 4 de esa madrugada, el tránsito por el portón había sido intenso. En los vehículos alquilados por los concursantes, en su mayoría mexicanos y norteamericanos, había mujeres criollas y ambiente de fiesta. Poco antes de las 5:30, se acercó el Triumph chapa PEXT 688 que conducía la gringa de la pamela. Sabían que era inglesa, pero ellos le decían la gringa de la pamela.

El más joven se apresuró a abrir el portón y le hizo un saludo amistoso. Ella le respondió con la mano y le dirigió una sonrisa, pero no se detuvo como otras veces.

—Ésa vive aquí —comentó el más viejo—. Estoy cansado de verla.

El más joven era nuevo.

—Pero tiene un yate anclado en el muelle.

—Sí, y se va hoy, pero vuelve en un par de días —añadió el más viejo—. Lo que pasa es que ella trajo un yate para seguir de cerca las competencias, sacar fotos y el cará. Creo que es periodista.

Tony se había tirado al mar a las 5:10, cuando las calles estaban totalmente desiertas. La noche era suficientemente oscura. Había luna menguante, pero muchas nubes. De acuerdo a lo convenido, Margaret saldría de Barlovento rumbo al este, costeando el litoral habanero a unos mil quinientos metros de la costa. Al pasar ante la calle 60, que ella reconocería por la torre de la Iglesia de San Antonio, debía enfilar recto hacia la costa, y cuando estuviera a unos quinientos metros, retomar el rumbo este a marcha muy lenta. Por allí vería un cajón de frutas con dos tablas pintadas de rojo, flotando sobre una mancha de chapapote. Cuando el yate pasara junto al cajón, Margaret debía apagar los motores, para que Tony atrapara las agarraderas dispuestas en la parte central de la quilla. Tres golpes que él daría contra el casco indicarían que ella podía seguir su marcha.

Habían ensayado la operación cuatro días antes, y en esa ocasión Tony, con un taladro manual, había practicado una pequeñísima perforación, adecuada para dejar pasar un hilo de acero, al que había amarrado dos agarraderas recubiertas de goma. El hueco estaba suficientemente alejado de la propela para que Tony no corriera ningún peligro, incluso si estiraba los brazos al máximo.

Según sus cálculos, si el yate salía de Barlovento a las siete y media de la mañana y no había problemas con inmigración o con la aduana, pasaría frente a la Copa a eso de las nueve o nueve menos cuarto. Con el traje isotérmico podía aguantar indefinidamente en el agua. Se mantendría oculto entre la mancha de chapapote, que él mismo arrastraría desde la costa. Se pondría al cuello un pequeño salvavidas, para no gastar energías flotando durante las casi cuatro horas de espera. El cajón le permitiría asomar la cabeza sin que lo vieran y esperar por la zona. El mar había amanecido como un plato. Era lo habitual en esa época.

Margaret le había asegurado que no habría problema alguno con las autoridades cubanas. Por cortesía hacia las embarcaciones acreditadas en el torneo, el servicio de revisión en la frontera funcionaría, como era tradicional, durante los tres días siguientes a la clausura, desde las seis de la mañana hasta las seis de la tarde. Las inspecciones eran muy someras, sin registros. Inmigración practicaba un rápido control de pasaportes, para verificar que el número, así como los nombres y fotografías de los tripulantes, coincidieran con los datos que aparecían en las planillas de inscripción que se llenaban al arribo. Margaret no tendría nada que declarar y cuando vieran que viajaba sola, la dejarían seguir sin ningún registro. Estaba segura de que ni siquiera bajarían a la cabina. Y si lo hacían, no encontrarían a la señora Santa Cruz. Tony podía quedarse tranquilo. A mediodía almorzarían en Cayo Hueso.

Margaret había parqueado junto al yate. Le extrañó no ver en la borda a Arturo, el timonel y mecánico cubano que la acompañara durante todo el certamen. Para esa noche, ella le había pedido el favor de permanecer a bordo hasta que ella regresara. A las cinco y media de la mañana, el muchacho dormía profundo en su litera, con el camarote cerrado por dentro. Al oír los golpes en el ojo de buey, se paró de un salto y se disculpó por haberse dormido, pero vaya, le había caído un sueño de golpe... Ella le palmeó un hombro y le dijo que se sentía igual. Estaba muerta. Había temido dormirse al volante.

Arturo no quiso recibir los cien dólares de propina. Sentía miedo de andar con ellos encima. Le dijo que mejor se los diera en la calle, cuando regresara, y le dejó un número de teléfono. Ella pensó que Arturo también se había hecho ilusiones, para más adelante. Pero se había portado bien. No había pretendido insinuársele ni se había movido del yate en toda la semana. Lo había mantenido limpio y no había intentado ningún registro. O por lo menos, no había violado ninguno de los invisibles pelos, hebras y papeles milimétricamente enfilados que ella colocara en diversos lugares, para saber a qué atenerse.

Como último favor, ella le pidió que la ayudara a sacar del *freezer* un pargo congelado, que esperaba almorzar a mediodía en Key West con unos amigos. Él tuvo que sacar primero unas cuantas langostas, una aguja pequeña, y dos emperadores. Al marcharse, ella le regaló un emperador, tres langostas y un beso en la mejilla. Era un mulato bajito y corpulento, indudablemente buena persona.

¿Se podía ser de la Seguridad y buena persona?

Of course.

...ay Santa Bárbara bendita, todo había sido tan de golpe, Tony diciéndole nos vamos pa'l norte dentro de ocho días, y ella, ay, por tu vida, hijo, qué va a ser de nosotros, y ahora tendida en el asiento trasero del Triumph, esperando que esa mujer rubia apareciera, cuida de nosotros, protégenos, Changó Alayé, que a nadie más tenemos, tú bien sabes que yo quería quedarme, y sus lágrimas mojan la alfombrilla del carro, todo allí huele bien, desde la madrugada había implorado a la Santa en su altar, le había renovado sus ofrendas y lo había encomendado a Asunción, que por favor no lo desatendiera, ahora más que nunca Changó tenía que protegerlos, ay, Ilubatá, rey de los tambores, haz que la rubia sea buena con Tony, y que él se tranquilice, no quiero volver a verlo preso, ya tú sabes cuánto he sufrido, y qué sería de mí, en un país así, sin hablar el idioma, y Tony diciéndole que en Miami todo el mundo hablaba español y que la bolita se jugaba sin ningún peligro, que allí ella podría tener sus amistades, consultar un babalao, ponerle su altar a todos los santos que ella quisiera, pero Changó bien sabía, que en su casa el único altar sería siempre el suyo, sería lo primero que haría en cuanto tuviera una casa, un altar lleno de ofrendas, de quimbombó, de carnero y plátanos, y Tony diciéndole que allá se podía hacer la misma vida que en Cuba, pero sin el jelengue del comunismo, y ella le imploraba ahora, acariciando el collar rojiblanco, le recordaba que toda la vida le había sido devota, que nunca había dejado de cumplirle una promesa, ay, por lo que más quieras, no nos abandones, no abandones a mi hijito, tú y él son lo único que tengo en el mundo, protégelo, que no caiga preso, haz que sea cierto todo lo que dice de ese dinero que se va a ganar con lo que se encontró en el fondo del mar, en tus manos estamos, príncipe y virgen, no nos abandones...

La vida suya era una película, y como las películas, tenía que terminar bien. Qué suerte había tenido aquella tarde en que se tropezó con Margaret, junto a la pizzería. Todo era una puñetera casualidad. A Margaret le habían dado una dirección equivocada en la avenida Primera, y por esa equivocación se había antojado de los pescados y de él. Le roncaba el mango. La vida parecía una broma de Dios. Y ahora, estaba a pocas horas de llegar a la Yuma, en compañía de una mujer que le iba a resolver todos los problemas. De verdá que no había con qué pagarle. Por esa jeba él estaba dispuesto a todo. Quería ser legal con ella. Aunque no quisiera, él le iba a dar un tongón de dólares. Por lo menos cien mil le iba a regalar. Sonrió al imaginarse a su mamá vestida de señorona. En la Yuma le compraría ropas buenas. Le pediría a Margaret que le enseñara buenos modales, y la sacaría a pasear en carro, la llevaría a comer en restaurantes butin, pa que por lo menos se llevara algo bueno al final de esa vida de mierda que le había tocado vivir.

Oye un ruido a sus espaldas y se inquieta. Vuelve la cabeza dentro del cajón, cuidando de no moverlo y escudriña el mar. No, no son los perros. Es un yate azul que navega hacia abajo. Seguro se dirige a Barlovento.

El traje isotérmico le mantiene una temperatura agradable, ligeramente cálida. Al mirar de nuevo hacia la costa, comprende que la corriente lo ha arrastrado un poco hacia afuera. Se ajusta los acualones, se sumerge y comienza a nadar bajo el agua, muy lentamente. Consigo arrastra la tabla sobre la que ha pegoteado el chapapote. Con un brazo la toma por el hueco central, y con el otro se impulsa suavemente. El cajón de la mancha roja avanza de modo imperceptible en dirección a la costa. Son las seis y cuarenta. Tony tendrá que esperar aún más de dos horas.

Al fotógrafo mexicano que contratara para el torneo, lo había despedido la tarde precedente.

Cuando Arturo se marchó, Margaret quedó sola en el yate. Trancó la puerta del camarote, llenó un cubo de agua y lo puso a hervir. Conectó la pequeña sierra circular y dividió el pargo en tres pedazos. Tomó el del centro, aserró la arista del lomo a una profundidad de tres centímetros y luego la del vientre, hasta romper la soldadura que produjera la congelación. Cuando apareció la cavidad abdominal vaciada, metió la pieza dentro del agua del cubo.

Pocos minutos después, cuando el pargo ya se había ablandado lo suficiente, lo manipuló un poco bajo el chorro de la cocina hasta desprender una funda de cuero. De ella extrajo el revólver envuelto en una triple capa de nylon duro. Los metales tenían intersticios de humedad y grasa congelada. Puso el revólver sobre una sartén y lo calentó unos minutos, dándole vueltas con la ayuda de un paño de cocina. Cuando lo sacó, chorreaba grasa. Lo desarmó y limpió bien, pieza por pieza. Luego volvió a armarlo y operó varias veces el mecanismo de disparo. Perfecto.

Las balas, en su estuchito de metal, se habían mantenido secas. Cargó las seis, hizo girar el tambor y lo cerró de golpe.

Listo. Las siete y diez. Era hora de hacer subir a la vieja.

Tony, que se ha marcado por San Antonio y el Náutico, sabe que se encuentra a unos seiscientos metros de la costa. Emerge, pero sólo lo suficiente para comprobar que no se ha desviado. Ya hay suficiente luz para distinguir edificios pequeños, como la pizzería y el correo de la calle 42. Para probar la fuerza de la corriente se deja arrastrar y en pocos minutos se encuentra frente a la mole del hotel Tritón, dominante sobre la costa. Regresa vuelta arriba, hacia el este. Emerge unos instantes y escudriña el litoral. Ya está otra vez frente a San Antonio. Con las patas de rana podría impulsarse más rápido, pero teme llamar la atención de los perros. Lo mejor es mantenerse allí, pataleando con suavidad para contrarrestar la acción de la corriente. Sólo cuando vea llegar el yate tomará posición en el punto convenido. Según sus cálculos tendrá que esperar todavía más de media hora antes de que en el horizonte aparezca su Margaret. ¿Su Margaret? Se sorprende y reprocha de que por primera vez en su vida, al deseo de ver a su madre, ha antepuesto el de otra mujer. Reconoce que la sola presencia de Margaret lo llena de alegría. En los últimos días, en que ella estuvo casi enteramente dedicada al torneo, la extrañó mucho. Y no sólo su cuerpo. Tenerla cerca, oírla hablar de cualquier cosa, es una fiesta, lo más grande, chico, que le ha pasado en su vida.

Tony está enamorado. Lo sabe y se complace en reconocerlo. Es la primera vez que siente admiración por una mujer; admiración y la necesidad de ser muy bueno con ella, de protegerla, como a la pura. Y ya que ella está tirándole aquel tremendo cabo, na' más que por seguir viéndolo en la Yuma, él está dispuesto a proponerle matrimonio. Y no es por lástima ni na'. La jeba le gusta cantidá, su modo de ser, su finura en el trato, lo que filtra, lo sincera qu'es pa too, y vaya, que él estaría orgulloso de casarse con ella, una tipa desinteresá, que ha demostrado tremenda preocupación por sus cosas, ¿dónde coño iba él a empatarse con otra igual? Una tipa educá, la única que le ha dicho señora a la pura, señora Santa Cruz. ¡La pobre vieja! En Isabela, a sus espaldas por supuesto, le decían María la Yegua, porque era la mujer del caballo Santa Cruz. Cuando Tony lo supo, ya vivían en La Habana. Ella misma se lo contó. Y en el barrio de la Copa, era María la del Fajardo, porque la conocían como limpiapisos del hospital. Pero desde ahora, en la Yuma, sería la señora Santa Cruz y vestiría como una vieja de la jai. Su hijo le haría pasar ahora sus mejores años. Y por lo visto, había vieja pa rato. Todavía trabajaba como una mula y no le dolían ni los callos. Tal vez conviniera enseñarle modales, pa que pudiera sentarse a la mesa y alternar en la Yuma con los nuevos amigos de Tony y Margaret.

Margaret y la mamá de Tony se habían vestido con idénticas ropas, compradas por partida doble en Miami; una saya larga hasta los tobillos y una blusa holgada de manga larga, con una estola roja al cuello. Ambas llevaban espejuelos oscuros, zapatos sin tacón y una pamela blanca. Margaret misma la había peinado.

Margaret se puso su pamela, se asomó a la borda y miró hacia el muelle. Había mucha gente de un lado para otro, y una docena de vehículos bajo el techo del parqueo. Contó nueve yates atracados. Calculó que desde dos de ellos podrían ver sus movimientos hacia y desde el carro. Ninguno de los *watchmen* que hacían la ronda estaba a la vista. La marea había bajado y el nivel del yate estaba un poco por debajo del muelle. Mejor así para la vieja.

Caminó hacia el parqueo y penetró en el carro por el asiento del chofer. La vieja, con la cara algo hinchada por el llanto, se había adormecido tendida sobre el asiento trasero, en posición fetal. Al sentir la llave en la puerta, se irguió con un poco de sobresalto. Margaret le sonrió y le dijo que todo marchaba muy bien, que no debía inquietarse.

El parabrisas estaba cubierto con una cortina protectora contra el sol, y los vidrios oscuros de las ventanas no dejaban ver hacia adentro.

El carro salió marcha atrás y parqueó frente al yate. Margaret pasó hacia el asiento de al lado e hizo que la vieja se sentara al timón. En ese momento nadie circulaba en las inmediaciones. Cuando estuvo segura de que la vieja abordaría el yate sin tropiezos, Margaret le acomodó la pamela, le puso los espejuelos oscuros y le dijo que se apeara y una vez a bordo, bajara a la cabina y se encerrara por dentro. Desde luego, no debía abrir a nadie ni responder a ningún llamado hasta que oyera su voz. En el refrigerador encontraría comida, y sobre la mesa de la cocina, dos termos, uno con leche caliente y otro con café que ella acababa de preparar. Demoraría sólo unos quince minutos en regresar.

Cuando la vieja subió Margaret encendió un cigarro. Sacó del portaguantes un block y un bolígrafo y anotó: «Autorizo al Sr. Alfred Hunt a retirar del parqueo el carro Triumph chapa PEXT 688.» Y firmó al pie. Contó hasta treinta. Luego, se dirigió a las oficinas del muelle, le dejó a un hombre que estaba de guardia el papel, un duplicado de las llaves del carro, y regresó a guardar el auto en el parqueo. Alfie se encargaría de retirarlo.

La vieja estaba sentada junto a la mesita de la cocina, pero no se había servido nada. Margaret le dijo que debería permanecer escondida en un cajón, quizá unos pocos minutos, quizá una hora o más, ella no podía preverlo, y lo mejor, señora Santa Cruz, sería que fuera al baño antes de esconderse.

La vieja, que había sido sirvienta, sólo atinaba a decir «sí, señora»; pero pese a las tranquilizadoras sonrisas de Margaret, aquello de meterse en un cajón, le heló la sangre. ¿Y si la descubrían?

Margaret levantó la tapa del compartimiento debajo de una litera y le indicó que allí debía acostarse cuando ella se lo indicara. Sobre el piso había una colchoneta delgada.

¡Ay, Santa Bárbara bendita!

Desatracaron a las siete y veinte, después de calentar el motor unos diez minutos. Margaret, preocupada, vio partir dos yates que, sin dudas, le retrasarían la revisión en el canal de salida. La vieja se había acostado en el cajón bajo la litera, musitando un rezo nervioso.

Como había previsto, tuvo que esperar casi media hora. El yate que la precedía fue abordado por cuatro inspectores de aduana, ante las risotadas de los tripulantes, claramente ebrios. Al fin los dejaron en paz y un oficial de uniforme verde olivo estampó un cuño en el permiso de navegación. ¡Mala cosa! Si aquellos *assholes* habían molestado a los funcionarios cubanos... *Fuck them!* Pero no ocurrió nada. Los funcionarios pasaron directamente a la cabina, se sentaron a la mesa y llenaron los papeles en cinco minutos. No hicieron registro alguno. El oficial de inmigración insistió todo el tiempo en hablar un deplorable inglés y se despidió con un *jafaguttrip, Miss Gaylord.*

Tony había pasado los tres hilos de acero por el orificio de la quilla. Cada hilo medía un metro cincuenta y era lo suficientemente flexible para torcerse en forma de trenza marinera de modo que cuanto más tensión recibía, más se afirmaba en torno a las dos gruesas argollas de los extremos.

A las 8:55 el yate de Margaret apareció por el noroeste, y a las 9:20, con los motores apagados, se acercó al cajón rojo sobre la mancha de chapapote. Tony se instaló bajo la quilla, agarrado de las dos argollas, en posición supina. Con la reducción del cable debido a la trenza, las argollas quedaron a unos treinta centímetros del canto de la quilla y los pies de Tony a más de un metro de la propela. Había escogido esa posición, porque a cierta velocidad, contra el oleaje sobre todo picado, algunos yates saltan hasta asomar la mitad del casco, y boca abajo podía serle muy incómodo recibir el golpeteo del agua en plena cara. De todos modos, durante las pocas millas en que Tony se mantendría bajo el casco, Margaret conduciría despacio, procurando que el oleaje no los hiciera saltar.

A seis millas de la costa, no se veía nada en el cielo ni en el mar. La vieja se había tendido en una litera para mitigar el mareo. Margaret le había puesto un cubo al lado por si necesitaba vomitar. Qué suerte que no había comido nada porque, desde que empezaron los sacudones, se le había revuelto el estómago.

Al llegar a la séptima milla, Margaret volvió a observar el cielo. Ningún avión a la vista. Y del lado del mar, nada por delante y nada por detrás. A lo lejos, a unas cinco millas al nordeste, un barco de gran calado avanzaba hacia el canal. Margaret apagó los motores y cuando la embarcación se detuvo, en medio de las grandes olas, por suerte muy largas, comenzó a bambolearse un poco de proa a popa, pero sin el zarandeo lateral que imprime la mar picada.

Tony emergió sonriente por babor, se quitó las patas de rana y las tiró sobre cubierta. Se quitó los acualones y Margaret se los recibió con una mano, arrodillada sobre el pasillo exterior, y agarrada con la otra mano de la barandilla. La vieja también apareció en cubierta, pálida pero sonriente. Vestía las mismas ropas y no se había quitado la estola roja que ondeaba al viento. Margaret volvió a escudriñar el cielo y no vio nada. El enorme carguero se alejaba hacia el sur. Tony se quitó el cinto, donde llevaba las monedas, se lo alcanzó a Margaret y subió por la escalerita de madera. Las dos mujeres lo abrazaron.

—Rápido, al camarote, cámbiate —dijo Margaret, y ella volvió junto al timón, a poner en marcha el motor.

Cuando habían navegado doce millas, ella trabó el timón rumbo nornordeste, llegó a la cabina y anunció que ya habían salido de aguas cubanas. Ante ellos, la libertad y una nueva vida, yuhúuu, y Tony sonriente, él no tenía con qué pagarle, él quería, con el corazón en la mano, vaya, jurarle por lo más sagrado, y lo más sagrado era la viejita ésa que ella veía ahí, que de verdá él se sentía muy agradecido, que Margaret era una amiga de verdá, y que él había pensado que si ella mantenía los sentimientos que había dicho, él estaba dispuesto a casarse con ella, y Margaret, ruborizándose, bajando la vista tímidamente ante la vieja, volviendo a alzarla con una expresión de absoluta felicidad, de sorpresa y contentura, tomándole una mano, ¿de verdad? ¿en serio? y Tony que sí, que todo lo de él con ella era en serio, que ella era lo más grande que él había conocido, la persona más humana, más derecha, más..., en fin, le faltaban las palabras, y hubiera o no hubiera matrimonio, cuando se vendieran las monedas, él iba a regalarle cien mil billetes, y ella tapándole la boca con la mano, y él atrayéndola, besándola en la boca, pasándole una mano sobre el hombro y abrazando con la otra a su madre, juntando las tres cabezas, aquél era sin duda el momento más feliz de toda su vida, estaba con los dos únicos seres que él quería en el mundo, y de ahora en adelante vivirían juntos, ¿verdad, mi amor? y la vieja lagrimeando, agradeciendo interiormente a Changó, príncipe y virgen, Changó Elueke, dueño del rayo, ojalá todo fuera para bien, la señora rubia parecía de lo más decente, mire que la vida tiene vueltas, carajo, ¿no sería un sueño? y Margaret, pac, destapando una botella de champagne, sirviendo, brindando, por ellos, por Tony, su gran amor, el único hombre que la había hecho feliz, y a tomar fotos, de Tony y la mamá, clic, y de la mamá sola, con la pamela puesta, sentada a la mesa, y ahora afuera, acodada a una baranda, y ahora abrazada de su hijo, así, más juntitos, un beso, y Tony solo, primero de frente, clic, de espaldas, de perfil, con la gorra marinera, con la chaqueta, sin la chaqueta, con un pañuelo anudado al cuello, capitán Tony Santa Cruz, lobo marino, el más elegante de la Florida, ja ja, con espejuelos oscuros, y ahora, que se desnudara, sí en trusa, que se sentara al timón, clic, y Tony cogido de la rueda, mirando hacia el horizonte, mirando de lado, con la más franca y satisfecha sonrisa de su vida, y ella, que un nuevo millonario, que una nueva vida, y él, que un nuevo amor, que a su lado viviría la verdadera vida, lo que siempre había buscado, y virándose para Cuba, prfff, una trompetilla para los comunistas, otra para Fidel, abrazando a la pura, y Margaret, cumpliendo el cuarto paso de su plan, pisando disimuladamente donde tenía que pisar, apretando donde debía apretar, y el yate, crrrr crrrr crrrr, y ella, cara de alarma, apresurándose a apagar el motor, pero no, que no temieran, era sin duda la propela, quizá algo se había enredado, unas algas, a veces había sargazos, eso sucedía con frecuencia, y ella iba a cambiarse para tirarse a mirar, y Tony, que no, que él ya estaba desnudo, ¿qué había que hacer? bueno, lo primero era tirarse por la popa y ver si había algo enredado en la propela, y él, sin demora, plash, la zambullida, y Margaret entra a toda prisa a la cabina so pretexto de cambiarse también ella, pero regresa con las mismas ropas, el revólver escondido a la espalda, y la vieja se ha acercado a la popa, agarrada de la baranda, y un culatazo en la nuca, y otro, y se va de frente sobre la baranda, y Margaret deja el revólver en el piso, la toma por los tobillos, la hace dar una vuelta completa sobre la baranda y cae de cabeza sobre el canto de la borda, y de ahí al agua, en el momento en que Tony emerge por la popa, y ve a su madre en el mal trance y no comprende, pero sí comprende, un rayo de terror y odio emiten sus ojos al mirar hacia arriba en el momento en que ella le dispara, piernas abiertas, sosteniendo el arma con ambas manos, y el tiro le entra por la mejilla, y él sólo atina a sumergirse, y a la vieja el primer tiro le entra por la espalda, y Tony desmayado, emerge a unos cinco metros, y el segundo tiro lo alcanza en el cuello, y cuando se ladea, un tercero le entra por la espalda, y otro le hace saltar sangre de la cabeza, y el último es para la vieja, también en la cabeza, y Margaret regresa al timón, y al ver los dos cuerpos ensangrentados recuerda los latines de su abuela, *apparent rari nantes in gurgite vasto*, y a las 11:10 recobra el pulso y la respiración normal, seguramente se encuentra ya a unas veinticinco millas, y vuelve a trabar el timón rumbo a Key West. Baja a la cabina y coge el cinturón. Cuenta las sesenta y una monedas. Todo le ha salido según el plan. Recoge las pertenencias de Tony y la vieja, las examina y, ¡oh, sorpresa!, en un sobre de plástico cerrado con *scotch tape* hay varios anillos y un rollo de dólares, bah, minucias, pero lo aparta para examinarlo luego con más calma, quita el rollo de la cámara, hace un lío con todo, lo amarra a la plancha de hierro que tenía reservada para hundir el envoltorio y lo arroja al mar. Vuelve a apagar el motor y cuando el yate se detiene, se lanza al mar con un cortahierros de doble palanca, cercena los cables y quita las agarraderas instaladas por Tony. El agua está fría. Se envuelve en un mono de gimnasia, se pone unas chancletas japonesas y se sirve un scotch. El primer trago puro, le sabe muy amargo. Ya le ha sucedido otra vez. Matar de ese modo amarga los tragos. Tony y la vieja son el sexto y séptimo en su ejecutoria. Uff, ojalá fueran los últimos. Uno no se acostumbra nunca a matar a sangre fría. Es algo *disgusting*. Los cinco anteriores habían sido todos unos *motherfuckers*, pero aún así, liquidarlos con tanto disimulo y cálculo, había sido un trago amargo. Y matar a estos dos infelices, lamentablemente atravesados en su vida, es en verdad *very disgusting*. Echa hielo, un chorro de soda, revuelve con el dedo y sale de nuevo a cubierta. Lo único que no ha botado de Tony, aparte del paquete de plástico, es la gorra marinera. Se la pone y mira al cielo. *Nice weather, indeed.*

SEGUNDA PARTE

1
INGLATERRA

Escribo estas notas por vanidad, como suele ocurrir. O quizá por el deseo de legar una experiencia insólita, o porque de *abundantia cordis os loquitur.* (Incluir aquí un comentario sobre mi primer Diario.) He vivido mis cincuenta y seis años guardando secretos que hoy deseo dar a conocer, en una memoria póstuma. En todo caso, para escribir sobre mí no necesito un pretexto.

(Comenzaré por las cartas de mamá. Luego se verá si se dejan como tales, o hago una síntesis de los hechos.)

Un día del año 1954, a las ocho de la mañana, el jefe de una estación de policía londinense, abrió un sobre a su nombre, recibido esa madrugada por un oficial de guardia. Contenía una nota con el siguiente texto:

South Kensington, septiembre 10

Cap. R. Webb
ESD.

Yo, la Dra. Victoria Holden, anestesióloga del Hospital de Marble Arch, declaro haber asesinado, el 20 de agosto pasado, a mi esposo Albert Holden, de la siguiente forma:

Tras haberlo inducido a beber alcohol e inyectarlo con fuertes dosis anestésicas, lo trasladé a un lugar del condado de Devon, descrito en el expediente UHC-213 de Scotland Yard. Allí le quité sus zapatos, todos sus documentos y objetos de posible identificación, incluida una prótesis dental, y le coloqué un reloj, marca y un cinto gris, de cuero repujado, que no eran suyos. En la soledad de aquel lugar oscuro lo arrastré por los pies unos veinte metros, hasta un descampado rodeado de hierbas altas, donde existía un foso natural. Allí le amarré fuertemente con sogas ambas manos y pies, y vertí sobre su cuerpo varios litros de gasolina. Me retiré unos metros, le arrojé una estopa encendida con alcohol y me alejé en mi coche.

Cuando usted haya leído esta carta, yo ya estaré muerta en el interior de un Ford Prefect negro, estacionado en los alrededores del Museum.

Atentamente,

Victoria Holden

(Ojo: Quizá sea mejor dar esto en un tono menos espectacular, y narrar escuetamente los hechos, sin transcribir las cartas. El lector no debe saber que son cartas reconstruidas de memoria. Debe creer que todavía están en mi poder y eso debe justificarse. Hay que retrabajar el estilo, para que mamá escriba muy diferente de mí.)

Esa mañana, a la misma hora, Lawrence Groves, arquitecto de Cromwell Road, leía otra carta de la misma remitente:

Octubre 11, 1954

Querido Larry:

Hubiera preferido irme de este mundo sin ruido y, sobre todo, sin hacerte tanto daño; pero mal que me pese, y por tu bien, tengo que herirte. Prepárate para conocer una historia horrible. Me mueve el perverso e incontenible interés de que la conozca Doris y que se divulgue entre amigos y parientes. Junto con ésta, salen seis copias, entre ellas, una para la familia de Albert, otra para mi padre, y otra para la tía Mary Ann, que con lo poco que nos quiere se encargará de hacerla pública. Lo siento por ti, pobre Larry.

Yo fui una niña normal hasta que se divorciaron mis padres. Entre los siete y doce años me tuvieron engañada. Carecieron de la lucidez o el valor de decirme la verdad y simularon seguir juntos para que yo no sufriera. Papá venía una o dos veces por mes y me sacaba a pasear. Se suponía que trabajaba en Cornwall. Me llevaba al cine, a Hyde Park, al zoo, pero mamá nunca nos acompañaba. Pese a mi inquietud y tristeza, no me atrevía a preguntar. Y un día, cuando ya tenía doce años, oí una ambigua conversación telefónica de mi madre con Louis, un primo suyo, y me puse al acecho. Una noche, tras haber fingido dormirme, me levanté a espiarlos y los encontré en la cama. Poco después, supe que papá se había casado con otra mujer y tenía un hijo de cuatro años. Desde ese día, me sentí ultrajada, estafada por el complot y la mentira de mis padres. Durante mucho tiempo deseé morirme. Yo era creyente entonces, y le pedía a Dios que me enviara la muerte. En un sueño recurrente que me torturó durante la adolescencia, reveía la imagen de mi madre desnuda, en posición cuadrúpeda al borde de la cama, y a Louis de pie, que la cogía por el talle, susurrándole obscenidades.

Aquella visión me convertiría en una mujer frígida. Cuando tuve quince años, la idea de verme abrazada por un macho peludo y jadeante, me daba asco. A los diecisiete, era tan codiciada como tu Doris; pero por no sentir sobre mi cuerpo miradas lascivas, ni tener que oír insinuaciones, me dejé adelgazar al máximo, me vestía sin tacones, con ropas holgadas, y con un descuido intencional que me causó muchas disputas con mamá.

Ya en la Facultad de Medicina me encariñé de Eddy. Lo admiraba intelectualmente, me ayudaba en los estudios, era amable, solícito, buen mozo, como tú; y me casé en el segundo año de carrera. Cuando nació Doris, yo tenía veintiún años. Con Eddy me casé para librarme de la convivencia con mamá. Se había vuelto insoportable.

La náusea inicial de mis contactos conyugales, se convirtió en el fastidio de la simulación. Un día no pude más y le confesé mi frigidez. Eddy no soportó la indiferencia y por eso nos separamos. Nunca estuve enamorada de él, pero fue bueno conmigo.

De Peter, sí, estuve enamorada. Tanto lo quise al principio, que me esforcé cuanto pude por alcanzar con él la felicidad sexual. Consulté psiquiatras, sexólogos, qué sé yo. Nada me sirvió. El divorcio sobrevino por cansancio mutuo.

Cuando estaba por concluir mi especialidad en anestesia, sentí un auténtico impulso erótico al contemplar desnudo a un paciente. Era un joven remero de bellas facciones y genitales sonrosados. Esa noche me masturbé pensando en él y logré mi primer orgasmo. Cuando estábamos por darle de alta, una noche en que estaba de guardia, me senté a conversar junto a su cama, y no pude contener el impulso de tocarlo. Comencé a acariciarle una pierna que tenía destapada. Él me cogió una mano y la llevó al sexo erecto. Traté de retirarla pero me la retuvo con una súplica en la mirada, y envolviéndola con la suya se acarició hasta eyacular. Nunca lo volví a ver, pero su recuerdo me inspiró varios orgasmos solitarios.

Después, durante un tiempo, hice algunos intentos con hombres que me gustaban mucho, pero sólo conseguí decepciones, dolor de cabeza, ansiedad, humillación. Tuve también un par de aventuras homosexuales, pero enseguida comprendí que aquello no resolvería mi problema.

Y un día conocí a Albert. Yo tenía treinta y cuatro años y él treinta y dos. Era un hombre tan delicado, que a primera vista, lo tuve por *gay*. Ya sabes lo que muchos pensaban de él. Y sin embargo, fue un amante incomparable, potente, único, muy hábil. Desde el inicio se mostró amoroso y natural; supo excitarme de palabra y luego con prolongadas caricias, sin ninguna prisa por saciarse. Fue algo nuevo y obró el prodigio. En nuestro primer *weekend*, fui mujer varias veces, casi sin esfuerzo. Al cabo de seis meses nos casamos. Durante los pocos años de nuestra convivencia, logré lo mejor de mi vida. Mi mundo había cambiado de color, trabajaba con entusiasmo, mejoró mi carácter. El sólo pensar que a mi regreso lo encontraría esperándome, me llenaba de optimismo. Adquirí la certidumbre de que la vida era algo verdadero y congruente. Me complacía en disponer su ropa, en arreglarle las uñas, en prepararle su dieta vegetariana, en someterme yo misma a ella, por sentirme más cerca de él. Su presencia me daba seguridad. Y mi amor estaba hecho también de respeto y confianza. En sus frecuentes viajes fuera de Londres, yo lo esperaba ansiosa, pero sin temer infidelidades indignas de él. Albert me había dicho que tras ser medianamente feliz en su primer matrimonio, y luego de varias aventuras atractivas, yo era la única mujer que le proporcionaba lo que él siempre había buscado. Estaba persuadida de haberme convertido en una excelente amante. Siempre creí lo que él me decía. ¿Para qué insistir? Tú sabes bien cómo adoré a ese hombre.

Pasemos ahora a lo que quiero: Albert no murió ahogado como creen todos. No es cierto lo que yo conté; ni que se tirara borracho a nadar mar adentro. Todo eso fue patraña mía. Lo único cierto de aquellos días fue mi dolor. Pero no fue por su muerte, sino por la tragedia que me tocó vivir; fue compasión de mí misma; incapacidad para encontrarme otra vez cara a cara conmigo; con el mismo ser doliente que fuera hasta los treinta y cuatro años. Había caído ahora en un vacío mayor, en un mundo oscuro, en el que sólo podría andar a tientas.

Aquella noche en el balneario, lo de celebrar nuestra fecha con un cena íntima en Exeter, fue un pretexto para que Doris y tú no se nos pegaran, como en los días anteriores. Yo le quería, en efecto, para mí sola esa noche, pero por otros motivos.

Salimos de la hostería a eso de la once, y cuando faltaban tres millas para llegar a Torquay, paré el coche en un recodo de la costanera y le pedí que me besara. Luego saqué una botella del Courvoisier Grand Reserve que él adoraba. Entonado como estaba ya, desde que comenzara por la tarde a beber contigo en el balneario, y luego durante la cena, bastaron dos tragos para que cayera dormido. Para no fallar, había introducido en el cognac un narcótico potable que me robara del hospital. Dejé pasar unos minutos, le inyecté un somnífero fortísimo y me lo llevé hacia un bosquecito, a unas diez millas de allí, hacia el sudeste de Torquay. Llegué pasada la medianoche –hora en que los infiernos arrojan sus pestilencias al mundo–, le quité todo lo que pudiera identificarlo, lo arrastré hacia una hondonada que había escogido días antes, lo rocié con gasolina y lo incendié.

¿Recuerdas el cadáver aquél, que nos llamaron a reconocer en la morgue de Plymouth? ¿Aquél que descartamos por el reloj y la hebilla del cinto? Pues bien, ese pedazo de carbón eran los restos del ser que yo más quise. Previamente le había quitado la prótesis, y le había colocado el reloj y el cinto que yo misma comprara para despistar.

Y ahora conocerás algo espeluznante:

Una semana antes de aquel quinto aniversario nuestro, yo había asistido en Glasgow a un encuentro de anestesiólogos, que duró desde un miércoles a un domingo. Albert me telefoneaba todas las tardes, a eso de las siete. Yo esperaba su llamada en el cuarto del hotel. No te imaginas cuánto necesitaba oírlo, y que me mimara, y que me respondiera zonceras, de cómo estaba vestido, que había comido, etc. Aquél era mi mejor momento del día. Yo sé que tú amas mucho a Doris, pero estoy segura de que no podrías imaginar cómo es el amor de una mujer que ha encontrado lo que yo encontré en Albert; cuántas dependencias crea ese amor, cuántos apremios; qué alegría da el ver, oír, pensar en el ser que te ha devuelto la vida.

Y cuando me llamó el penúltimo día, un sábado, le dije que había confirmado mi pasaje de regreso a Londres para el domingo por la tarde; pero al colgar, me entró un ansia fortísima de amanecer a su lado, de desayunar juntos el domingo; y como no me interesaban los temas marcados para la sesión matutina ni el cóctel de clausura, traté de obtener pasaje en un vuelo nocturno ese mismo sábado; y como no pude, fui al aeropuerto y logré un asiento en lista de espera.

Al apearme del taxi frente a nuestra casa, ya eran las 10:30. Me llamó la atención ver encendida la luz de la sala y oír música fuerte. Supuse que Albert aprovechaba mi ausencia para compartir algún trago contigo, o con Abby, o que estarían sus amigos del club de jazz, y para sorprenderlo entré por la cocina. Al asomarme a la sala, lo vi desnudo, de rodillas, y delante de él, tan cuadrúpeda como su abuela, mi hija Doris, tu mujer, dando alaridos de gozo, roncos, bestiales.

A nadie interesan mis sufrimientos desde ese instante hasta el día de hoy, ni por qué he decidido matarme. Sólo quiero que se difunda por qué maté a Albert. Los únicos sentimientos que me quedan son un vaga compasión por ti y por mi padre, y un gran terror de mí misma. Dile a Doris que la maldigo.

Vicky.

(Esto puede resultar demasiado largo o demasiado corto. De todos modos, las cartas son buenas y si quedan, deben mantener ese tono. Quizá sea mejor decir que las reproduzco de memoria, casi en sus mínimos detalles, porque nunca pude olvidarlas. Y además, es cierto.)

Yo soy Doris la hija de Victoria. De soltera fui Doris Lee, y sucesivamente, Doris Groves, Doris de la Torre, Doris, Baronesa von Röffling, y finalmente Margaret Gaylord.

Ya se ha visto lo que mi madre pensaba de mí. Fue un ser convencional, deóntico, aburrida como sólo puede serlo una inglesa preocupada de sus *manners*, aplastada por los prejuicios, arrodillada ante las tradiciones. La pobre loca mató al hombre que amaba intensamente, por cortedad de miras, por la brutalidad que le inculcaran sus mayores.

(Incluir ejemplos de la cotidianidad: su teoría de que debíamos vivir como si alguien nos espiara por un hueco; sus esfuerzos por anotarme en el club de golf; su intriga para que se conocieran las hazañas del bisabuelo en la Guerra de los Boers; las tediosas clases de bridge; las lecciones de piano; la vez que me sorprendió masturbándome. Justificar mi admiración por Rimbaud, como antítesis de todo lo que representaba mamá.)

Mi esposo Larry, que entonces tenía treinta y tres años, al conocer la carta me repudió. También me repudió mi padre, mi abuelo, y mi familia por ambas ramas. Todos los que habían sido mis amigos, me volvieron la espalda. Quedé sola en aquel mundo de anormales con su moral podrida. El desprecio que me inspiró mi madre, por su incapacidad para ser feliz, lo extendí a toda la Inglaterra de entonces, que aquel año coronaba a Isabel II.

(Rememorar mi caminata desde South Kensington hasta Acton, el paisaje de aquel día, mi depresión convertida en ira. Añadir un poco de bruma londinense y analogía con mi paisaje interior. Deseo de huir hacia la luz del Mediterráneo.)

2

FRANCIA

Llegué a París a finales de septiembre de 1954, con algo más de trescientas libras. Dejé los equipajes en consigna y salí a buscar un hombre para esa noche. A los dieciocho años era muy atractiva. Aquella tarde de otoño me sentía así. Compré una botella de Pernod y me fui a los muelles de la Rive Gauche. Hice amistad con un *clochard* maricón al que llamaban la Jolie y terminé en brazos del capitán Grousset, dueño de una *peniche* que se desplazaba por la cuenca del Sena-Marne, y que se apropió de mí durante varias semanas. Era un hombre de cuarenta años, fuerte, bien parecido, vital, gran bebedor. Al principio me resultó muy atrayente por sus rapidísimas salidas de humor popular, algo cínico. En esos días yo necesitaba, sobre todo, refirmar mis sentimientos anticonvencionales y me le entregué desprevenidamente.

Estaba dispuesta a enfrentar el peligro, la soledad, las privaciones, como el joven Rimbaud, cuya poesía precoz admiraba. Mis héroes de entonces eran él, Oscar Wilde, Gauguin, los grandes buscadores de su propia alma. Y mi primera experiencia autocognoscitiva fue que estaba protegida por una coraza de racionalidad y tan alejada de la moral burguesa como de las pasiones. Podía sentirlas, pero no someterme a ellas.

En la barcaza de Grousset, viví cinco semanas, que fueron las de un viaje de ida y vuelta al Havre con varias escalas. Al regreso, huí de él. Se había revelado un bruto, incapaz de reflexiones inteligentes, maniático del coito anal, que eructaba y se peía delante de mí. Hasta mi madre era preferible a Grousset. A toda prisa, retiré mi equipaje de la estación, en el que había guardado casi todo mi dinero y me instalé en un hotelito del Boulevard Saint Michel. Cuando me tendí en el camastro de aquel cuarto mohoso, me pregunté con rabia qué diablos hacía allí.

Yo había expresado a Grousset, amable y buenamente, mi deseo de separarnos; pero él se negó con amenazas. Me consideraba una bobita pusilánime y estaba dispuesto a sacar de mi juventud y atractivos todo el partido posible. Seguramente ya tenía en mente obligarme a trabajar para él. Al oír mi propuesta me abofeteó, como a una puta callejera.

Mi interés por conocer los límites de mis apetitos, gustos, convicciones, no llegaba a tanto. Allí tuve la segunda certeza de que mi raciocinio no se dejaba avasallar por las pasiones ajenas. Si no lo había logrado la maldición de mi madre, mucho menos las amenazas de un marinero elemental.

(Desarrollar la idea de que cuando te dejas imponer un ritmo de pelea, el otro te arrastra hacia su propia forma de violencia. Dar ejemplos de cómo supe evitarlo, desde niña. Recordar mis vacaciones en Glasgow, el primo Fred, mamá, Mary Ann, cada cual con su estilo.)

Lo soporté dos días más con ecuanimidad y sumisión. Renuncié a conocerme hasta las profundidades de Rimbaud, pero aquella simulación paciente me permitió conocer sus pensamientos e intenciones, y manipularlos.

Yo sabía de mí lo poco que puede saber una burguesita inglesa de medio pelo, sometida a la pacatería de su madre, sin más aventura que el adulterio con su padrastro. Decididamente, Rimbaud no era mi línea. Ni Wilde, *piuma al vento* de sus pasiones; ni Gauguin, cuando buscaba la libertad para su genio embotellado. Lavando en la barcaza las ropas de Grousset, restregando los pisos de su camarote con jabón y cepillo, aprendí de una vez para siempre, que jamás soportaría las privaciones de un proletario, mucho menos de un peregrino indigente. Vi claramente que mi mamá me había inducido a rechazar la urbanidad del *establishment* británico; pero vi también que no podría convivir con ninguno de los Grousset que me esperaban sobre la dura senda introspectiva de Rimbaud.

Este repentino convertirme en C, distinto de la A que era y de la B que había pretendido ser, fue una constante en mi vida. Hasta hace muy poco, no logré encontrarme como personaje coherente de mi propia y verdadera historia.

Además de esta revelación inicial, la estancia de ocho meses en París, me deparó dos experiencias enriquecederas: me hice puta y asesina.

Como puta, debuté en una casa elegante del Quai de Conti, regenteada por Mme. Ponsard, que tenía dos pupilas y tres cuartos para mujeres escogidas por su buenos modales y refinada educación.

A su casa llegaban hombres ricos, algunos muy influyentes; o nos enviaban sus choferes a recogernos. Durante aquella estancia en París, dondequiera que residiese eventualmente, yo mantuve mi hotelito del Boulmich; incluso cuando a mediados del verano, Mme. Ponsard me ofreció un cuarto permanente en su casa.

Ser una cortesana de altura, era en mi caso una experiencia cultural. Me interesaba como arte antiquísima, a la que algún día le sacaría partido literario; y en mis circunstancias, valoraba su futura utilidad económica.

Mme. Ponsard me tomó cariño de inmediato y me reveló secretos. Era una gran especialista en lidiar con impotentes. Me esmeré por aprender. Bastó un par de meses para saber que en torno a la prostitución y sus artes, se ha construido un enorme mito. Todo era mucho más sencillo. Salvo un cliente que para hacer el amor se enterraba un bolígrafo en el culo, *chez* Mme. Ponsard no conocí ningún aberrado original. (En todo caso, no tuve la suerte de Catherine Deneuve, en *Belle de jour*). Me aburrí muy pronto. Y no de los gajes, a veces ingratos, del oficio; sino de la tristeza de aquellos cincuentones grises, que cuando no me daban consejos paternales, fingían lo que no eran.

Entre los doce y quince años yo había vivido en un internado para niñas laicas, en Calais; y hablaba el francés casi sin acento. En París localicé a una compañera de entonces y reiniciamos la amistad. Estaba casada con un periodista liberal y en poco tiempo me aceptaron en su grupo. Con la Ponsard ganaba mucho y vestía con elegancia. Me inscribí como oyente en cursos de Literatura e Historia del Arte, en la Sorbonne; y comencé a escribir una novela que no prosperó. A los pocos meses, otro periodista, un belga muy buen mozo y excelente amante, se enamoró de mí e iniciamos un romance. Por supuesto, nada sabía de mis actividades en el Quai. Y en esos días reapareció Grousset.

Me había hecho espiar y supo lo que hacía. Era su gran oportunidad. Me chantajeó. Comenzó a sacarme dinero y a requerirme. Yo, por supuesto, cedí. Simulé estar muy asustada, y le imploré que me guardara el secreto de la doble vida. Con mis nuevas artes, cultivé su vanidad de sentirse el chulo de una puta de altura. Y planeé matarlo.

La ocasión se me dio poco después. Durante nuestra navegación por el Sena, nos habíamos detenido en Rouen. Allí me llevó a un *bistrot*, cerca de la iglesia de Saint Maclou, propiedad de un compinche suyo, al que siempre visitaba durante sus escalas en la ciudad.

Como a la semana de su reaparición, me hizo saber que viajaría con un cargamento hasta Duclair. Supuse que haría escala en Rouen. Compré una pistola 22, una bicicleta, ropas de hombre y, en una tienda de artículos escenográficos, me hice con una barba rubia y una peluca de mujer, negra, de largo pelo lacio. Antes de salir, me corté el pelo en París, *á la garçon.*

Llegué a Rouen en tren, un día antes que Grousset. Me vestí con pantalones, chaqueta, una gabardina de fuertes hombreras, una barbita rubia postiza, boina vasca y espejuelos oscuros. Mi único equipaje era un amplio bolso de mano, donde llevaba mis ropas de mujer. En un furgón venía la bicicleta.

Estudié el escenario y concebí un plan, que ensayé varias veces.

Desde la mañana del día siguiente, me paseé por los muelles. Hacia la una reconocí la *peniche* que se disponía a atracar y me situé en un callejón apropiado para mi emboscada. Pero cuando apareció, venía acompañado por un desconocido. Me alejé hacia el segundo puesto de observación que había escogido, en una plazoleta vecina de Saint Maclou.

A las dos y media, Grousset entró con el hombre al *bistrot.* Yo daba maíz a las palomas. Hacía frío. Amarré el seguro de la bicicleta, me acomodé la bufanda, alcé el cuello de la gabardina y entré unos minutos después. Me senté a sus espaldas, donde no me viera y me puse a leer un periódico. Oía su vozarrón. Pidió queso, salchichón y vino de la casa. Yo pedí un cognac. Como a la hora, se levantó para ir al baño.

Era sábado y había mucho ruido en el local: golpes de cubiletes sobre el mostrador; Fernandel echaba cuentos y cantaba una canción burlesca en un programa radial; un grupo de *habitués*, discutía a gritos un partido de rugby. Lamenté que otro hombre se me anticipara hacia el baño. Mantuve la calma y desistí de matarlo allí. Pagué y salí. Me quedaba la tercera variante del plan. Lo esperé a la salida, montada ya sobre la bicicleta, a un metro de la puerta, con un pie en la acera.

Al salir, lo tuve a un metro frente a mí. Le disparé tres tiros al vientre. Unas veinte personas me vieron. El que lo acompañaba se echó de bruces al piso, tapándose la cabeza. Con toda calma, sin decir palabra, hice un movimiento de abanico hacia los pasantes, y salí a escape en la bicicleta. No noté que intentaran seguirme. Tras una zeta, llegué a una calle peatonal, muy concurrida, bordeada de galerías y *boutiques*. Abandoné la bicicleta, y me escurrí entre el gentío. A media cuadra, entré con mi bolso en un bar elegante y me encaminé a las *toilettes*. Con sólo quitarme los pantalones y la gabardina, quedé vestida de mujer, con botas altas, medias de lana, un suéter blanco y un traje *tailleur*. Me puse la peluca, guardé las ropas en el bolso, y me mezclé con los curiosos y compradores. Caminé, mirando las ofertas de las *boutiques*, hasta la salida opuesta y cogí un taxi hacia el centro de la ciudad. Almorcé sola en un buen restaurante, y tomé un tren vespertino, de regreso a París.

En la oscuridad de un túnel, me deshice de la gabardina y el pantalón. En el baño corté la barbita y la fui echando por el inodoro. Al Sena arrojé la pistola y los espejuelos, envueltos en la bufanda.

Reconozco que fue un acto pasional y aventurero, pero guiado por un plan lógico, serenamente predefinido y ensayado.

(Como final de este capítulo, quizá conviniera un comentario sobre las medidas de seguridad que tomé para teclear estas notas en mi computadora, la clave para el texto escondido, etc.)

3

MÉXICO, NUEVA YORK, PERÚ

A los pocos días de desembarazarme de Grousset, acepté de Gérard, mi amante belga, una invitación para recorrer Marruecos. Dije a Mme. Ponsard que me tomaría unas breves vacaciones y partimos. Pero nunca llegué a Marruecos. De paso por Sevilla, presencié una corrida de toros, que me estremeció. Por la noche, en mi hotel, conocí a uno de los toreros, que nos invitó a una fiesta flamenca, en una finca de las afueras. Esa misma noche abandoné a Gérard y me quedé con Jaime. Era un loco que ante los toros se jugaba la vida. Y en el cante hondo, con aquella voz rota pero llena de armónicos, sus facciones adquirían un halo hechicero. Era de una hombría a flor de piel, y todo él –boca perfecta, ojos nerviosos y mágicos, cuerpo longilíneo– era la encarnación de una acrisolada lujuria. Era un árabe, un gitano, un caballero medieval, con su heroico sentido de la vida, y quise ver en él lo que no había encontrado en París: una antítesis del mundo almidonado en que había crecido.

Cuando me dijo que partía para una gira por México y Sudamérica, le supliqué que me llevara en su corte de cantaores y guitarreros; prometí costear mi pasaje y hotel; yo sólo estaría con él cuando me necesitara, y el día que no me quisiera a su lado, me marcharía sin ruido. Ya porque le gustara en la cama, o conmovido quizá, se portó como todo un caballero español y corrió con mis gastos. Viajamos en un transatlántico francés y nos hospedamos en hoteles de segunda. Al mes de estar en México, ya Jaime empezaba a repetírseme. Sólo me resultaba admirable en los ruedos o en el cante, pero había agotado su imaginación para la cama y el coloquio íntimo. En Acapulco decidí plantarlo y saqué pasaje de regreso a Ciudad México; pero la víspera de mi prevista partida, mediante apuestas tan suicidas como sus lances taurinos, Jaime ganó cuarenta mil dólares a la ruleta, y al llegar al hotel, me regaló ocho mil y me pidió que me marchara.

Me dio un poco de inquina, pero logré controlarla y me despedí de él con una impostada resignación. A fin de cuentas, esa separación era lo que yo deseaba. ¿Qué mejor salida podía hallar?

Aquel imprevisto me instó a cambiar de idea. En vez de quedarme en Ciudad México, tomé un avión para Nueva York.

Me hospedé en el Waldorf-Astoria durante quince días, donde trabé relaciones con varios personajes, interesados en mis diecinueve años. Vestí con elegancia y utilicé mis mejores *manners* de burguesita británica. Di como pretexto de mi viaje el tomar notas de la cotidianidad neoyorquina para una novela que estaba escribiendo. Al llegar, declaré que pensaba pasar un mes en el hotel, y deposité casi diez mil dólares en efectivo, más algunas joyas heredadas de mamá, en la caja de valores. Al segundo día, conocía al Sr. Prado, un millonario peruano, con el que tuve una aventura de tres días, fuera del hotel. La víspera de su partida me invitó a una cena en casa de unos compatriotas, donde nos hicieron un fastuoso despliegue de vajilla y mantelería. En aquella ocasión, lucí como toda una dama británica. Hube de confesarme agradecida a mi madre, por los cursos de urbanidad y la rigurosa etiqueta de mesa que desde niña me impusiera. Al día siguiente, supe que Prado había pagado mi cuenta del hotel y me dejó una nota con sus teléfonos privados en Lima, y la promesa de que si lo honraba con una visita, él dispondría de una lujosa casa para mí sola, por todo el tiempo que yo quisiera. Y con una sorna que demostraba no haberse creído el cuento de mis notas para la novela, me sugería incorporar algunas escenas del Perú, país lleno de historia, atractivos exóticos, etc. Sin duda, mi destreza con un sexagenario como él, me había delatado como profesional. Pero no lo había comentado con sus compatriotas, porque Marcelo de la Torre, uno de los *attachés* a la delegación peruana en las Naciones Unidas, un tipazo rubio que no me quitara el ojo de encima durante la cena aquélla, me llamó al hotel para que saliéramos juntos. Yo acepté. En aquella primera salida, fue cortés y encantadoramente superficial. Noté de inmediato que era un hombre tímido, y fuera de su buena presencia y clase mundana, carecía de atractivos. No obstante, enamorada de Nueva York, decidí cultivarlo por sus relaciones. Le acepté otras cenas, fiestas en casas de amigos diplomáticos, políticos, artistas, un modisto famoso; y por él conocí algunas *vedettes* de la *crème* neoyorquina. Desde el principio intuí que no debía acostarme con él, y jugué a la señorita decente. Un día me propuso matrimonio. Había enviudado hacía dos años; tenía una hija de mi edad, estudiante en California, y dos varones más pequeños que vivían con la abuela, en Lima.

Exactamente al año de mi salida de Londres, me convertí en la señora De la Torre y pasé a vivir en un buen apartamento en pleno Manhattan. Allí permanecimos nueve meses. Fue una vida aceptable y entonces novedosa para mí. Marcelo hablaba un inglés americano casi perfecto, y tenía un buenmuchachismo e inofensivo don de gentes, que lo hacía simpático. Era rara la semana en que no tuviéramos invitaciones a cócteles, a reuniones de un ambiente cosmopolita, o salidas con gente interesante. Y cuando no era eso, era el fascinante mundo de los espectáculos. En Nueva York, mis relaciones con Marcelo fueron muy satisfactorias.

Mientras él trabajaba en su oficina, yo visitaba museos, bibliotecas, amistades que fui haciendo; y me puse seriamente a escribir mi novela. Me era grato esperarlo por las tardes en el apartamento. Pero salíamos mucho. La ciudad nos ofrecía siempre algún atractivo. Puedo decir que me asomé bastante a la vida nocturna de Nueva York. Entre tantos recuerdos brillantes de aquellos meses están algunas veladas que puedo comparar sólo con las de estos días. El encanto del homenaje a Helen Hayes, aquella mujer esplendorosa que cumplía cincuenta años en las tablas, me llevó, por primera vez, al gran salón de baile del Waldorf, a donde nunca había entrado a pesar de haberme alojado en el hotel. Un par de semanas después, me cautivó un joven actor japonés, Toshiro Mifune –¡quién se podría imaginar en esa época hasta dónde llegaría!– en el Little Carnegie Theater, con su papel en una pieza nada importante, cuyo nombre creo que era *Samurai.* Entre los amigos faranduleros de Marcelo estaba la famosa Julie Andrews, y varias veces asistimos a los ensayos de *My fair lady.* Cuando la estrenaron, fue todo un éxito. Aquellos fueron los días en que mis compatriotas ingleses triunfaban en Nueva York, sobre todo en el cine: la gente hacía colas para ver a Alec Guiness en el Plaza, y Ricardo III servía a los críticos para volcar vagones enteros de ditirambos. ¡Bien por Sir Laurence Olivier!

A Marcelo no le gustaban mucho mis coterráneos, aunque los trataba con corrección. Cuando se dio el escándalo en Moscú, con la reaparición pública de tres antiguos agentes ingleses que habían trabajado para los rusos y llevaban perdidos como cinco años, Marcelo se echó a reír: según él, los rusos parecían ser buenos cogedores de culos británicos. Ese día, borracho, me dijo que Inglaterra estaba llena de arpías y maricones. Le pregunté que dónde me clasificaba a mí, y me dijo que yo era la excepción que confirmaba la regla. Nunca pensé que pudiera ser tan hostil a mis coterráneos. Ese día creo que, por primera vez, me irrité con él. Creo que fue más bien porque estaba borracho que por sus insultos groseros contra los ingleses. Marcelo bebía con exceso, pero salvo ésa y otra ocasión más, nunca llegó a serme cargante.

A mediados del cincuenta y seis, su gobierno lo llamó a Lima y ocupó un puesto en Relaciones Exteriores. Pensé que quizá allí encontrara el ambiente adecuado para terminar mi novela. En todo caso, nada perdía con probar y conocer algo nuevo.

Su madre me detestó desde el primer día. Tenía una gran influencia sobre él. Y en Lima, donde su trabajo le imponía otro régimen, y la ciudad nocturna no ofrecía atractivos, llegué a detestarlo. Tenía una morbosa dependencia de su madre, e instigado o respaldado por ella, comenzó a maltratarme. Se emborrachaba en casa y se ponía agresivo. Entre sus mejores amigos había varios alcohólicos, en decidida alianza y pugna contra sus respectivas mujeres. Con cuatro tragos encima, resultaban un grupo intratable. Él me obligaba a acompañarlo y quería que bebiese a la par de ellos. Una noche en que me negué a seguirles la corriente, me abofeteó. Pensé en abandonarlo al día siguiente, sin decirle nada, pero no me parecía justo retirarme con las manos vacías, al cabo de dos años.

Marcelo presumía de haber corrido carreras de auto; y en efecto, durante diez años, había ganado varias competiciones. Su especialidad eran las rutas de montaña; y en su orgullo de *driver*, podía llegar a extremos de increíble necedad, al punto de sostener que borracho manejaba mejor que fresco. Decidí atacarlo por ahí.

So pretexto de conocer Machu Picchu, le propuse un *raid* por toda la sierra peruana desde Lima al Cuzco. Aceptó encantado; pidió una semana de vacaciones y partimos los dos solos.

En un hotel de Ayacucho, lo estimulé a que cogiera una gran borrachera, y luego, ante varios testigos, se puso al timón del carro. Llegados a un punto que me pareció adecuado, le pedí que se detuviera para contemplar el paisaje; y allí comencé a besarlo y a incitarlo a beber; en los últimos tragos yo había mezclado quinientos milígramos de elixir de fenobarbital, y en menos de un minuto, cayó en un sueño profundo con la cabeza sobre el timón. Estábamos sobre el camino, entonces de tierra, que unía a Ayacucho y Andahuaylas. Yo había escogido un lugar plano, en un alto donde la carretera iniciaba un descenso empinado hacia una curva peligrosa. Esperé a que no pasara nadie cerca. Por aquellos caminos sinuosos, los vehículos avanzaban lentamente. Cualquier motor se oía a varios kilómetros. Marcelo roncaba profundo. En un momento de absoluto silencio, quité el freno, me apeé, empujé un poco el coche hasta ponerlo en movimiento, volví a subirme y timoneé con la puerta abierta y salté tres metros antes del precipicio. Cuando me asomé a mirar, los restos del carro, con Marcelo adentro, se habían perdido en la garganta de una quebrada, a setecientos metros de profundidad.

Lamentablemente, la gran fortuna de su familia estaba en manos de su madre, que la controlaba con firmeza. Pero la casa en que vivíamos y los tres carros, eran de Marcelo. Tras la venta y división con sus hijos, me hubieran tocado unos ochenta mil dólares; pero mi suegra, con tal de que me fuera cuanto antes, me hizo firmar unos papeles y me dio ciento veinte mil, con los que regresé a EE.UU. en las Navidades de 1957.

El suicidio de mi madre me había infundido desprecio; el asesinato de Grousset, una honda satisfacción, pero el de Marcelo, me dejó una cierta amargura. No había sido malo conmigo. Pero en los últimos meses se estupidizaba por días, y yo no me resignaba a tenerlo atravesado en mi vida. Sus hijos salieron beneficiados conque desapareciera. Un tonto, invariablemente, hace daño a quien lo rodea; y en especial a los que más quiere.

4

ROFF

Con el dinero de Marcelo, viví modestamente un par de años en mi amada Nueva York, consagrada a estudiar literatura, ir al teatro, al cine, y a escribir. Abandoné la novela que fuera mi principal ocupación en Perú, e inicié otro proyecto, también desechado a los pocos meses. Vivía en un apartamento modesto cerca de Columbus Circle y rehusé toda relación amorosa estable. No quería interferencias hasta acabar de escribir algo. Me masturbaba asiduamente.

Por fin, para las Navidades del cincienta y ocho, al cabo de dos años, logré mi primera novela: *Alas de cera.* Yo tenía veintidós años entonces. Y tras varios meses de correr en pos de un editor que nunca apareció, en enero del cincuenta y nueve, conocí a Roff.

Lo vi por primera vez en una foto de periódico, cuando lo llevaban preso por haber asaltado un camión de leche, y ponerse a repartir botellas en el Bronx. Me llamó la atención su gran apostura y la encantadora sonrisa de desprecio con que miraba a sus captores. Y grabé su nombre, por cierto muy singular para un asaltante: Klaus, Barón von Röffling.

Semanas después, me lo encontré en Washington, saliendo de la Biblioteca del Congreso y lo reconocí. Al pasar frente a él, lo saludé en alemán:

—*Guten Tag.*

Entablamos conversación y esa noche dormimos juntos. Esa noche y casi todas las noches de los siguientes seis años. Y tres meses después me convertí en Doris Baronin. En Munich, entre compinches suyos, hicimos un simulacro de casamiento con misa negra, y un falsificador amigo suyo me regaló un pasaporte alemán a nombre de Doris Baronin von Röffling. E invariablemente, cuando presentaba aquel documento fuera de Alemania, me llamaban Mrs. Baronin, como si el título fuera un apellido. Un tiempo después, nos casamos formalmente en los EE.UU. Roff había obtenido la ciudadanía norteamericana dos años antes, y el matrimonio formal era la vía más rápida y segura para que yo también la obtuviera.

A los pocos días de conocernos, Roff leyó el manuscrito de mi novela, y la encontró buena. Al enterarse de que no había conseguido interesar a ninguna editorial, dijo que hablaría con un amigo suyo.

Y en efecto, logró de inmediato lo que en muchos meses me fuera imposible. Usó un expediente muy suyo. Fue a ver a un editor de poca monta llamado Max, le puso una pistola en la cabeza y le dijo que tenía cuarenta y cinco días para publicar mi libro. Si no cumplía, que se diera por muerto. Le explicó que me debía un favor colosal y no tenía otra forma de pagármelo. Además, estaba canceroso y tenía pocos meses de vida. Si Max no publicaba el libro y moría, al divulgarse su asesinato yo me convertiría en un *best seller*. Y Max publicó mi libro, que pasó sin pena ni gloria. Ni un solo crítico se ocupó de mí.

Hasta entonces no había conocido un hombre tan cautivador como Roff. Era un inspirado *causeur*, cantaba, pintaba, bailaba, tenía una cultura humanística propia de un hombre del siglo XIX; era un *gourmet*, un *dandy*, un amante como no he conocido otro, y poseía una amoralidad ejemplar.

No puedo decir que lo amaba. Hoy, que la vida me ha deparado por fin el amor, sé que yo sentía por él algo distinto, una extasiada admiración ante su genio para la vida, para convertir cada momento en algo digno, grato, memorable; y hubiera rechazado por insensata toda idea de separarme de él.

En las relaciones eróticas era sólidamente desprejuiciado. Su ideal era Alcibíades, y como él, practicaba todas las formas posibles de homo y heterosexualidad. A veces dormíamos con una pareja de lesbianas, o de jóvenes *gay*, o con otras parejas; y presididos por Roff, aquellos triángulos, cuadrados y pentágonos, adquirían un sello de elegante naturalidad. Tenía un ojo certero para prever el comportamiento íntimo de los demás, y casi nunca se equivocó al escoger a sus compañeros de paganismo, como llamaba a los partícipes de sus fiestas. Sólo una vez nos tocó una pareja aberrada; y en un par de ocasiones gente tosca, sin imaginación.

Como ejemplo de la sutileza y rapidez con que leía el pensamiento de la gente, sirva una anécdota de las primeras semanas de nuestra relación. Cenábamos en un restaurante de Manhattan, y yo me sentí muy atraída por el jovencito italiano que nos escanciaba los vinos. A poco de eso, llamaron a Roff por teléfono, y regresó muy animado. Lo habían invitado, para esa misma noche, a una mesa de póker, con diez mil dólares de base y fichas mínimas de veinte. Yo no debía ir, porque no se admitían mirones. Iba a participar un magnate de Chicago, que ponía esa condición. Poco después volvió a levantarse y el bello italianito, so pretexto de llenar las copas, me dijo a boca de jarro que daría la vida por dormir conmigo una vez. Yo me enardecí, y pensando que no tendría esa noche a Roff, le anoté mi teléfono en una servilleta y le pedí que me llamara al terminar su trabajo.

Y a las dos de la mañana lo recibí en nuestra habitación del hotel. Durante los preludios, el muchacho conservó puesta su camiseta, y cuando yo insistí, se dio vuelta y se la quitó de golpe, de espaldas a mí. Con tinta azul tenía escrito por encima de la cintura: «Cortesía del Barón von Röffling».

Yo no sabía si echarme a reír o alarmarme, pero en eso entró Roff, que nos había estado espiando y nos poseyó a los dos. El muchachito se prestaba para cualquier trabajo y Roff lo había adivinado. Para que se me insinuara en el restaurante, le había regalado cien dólares y le había prometido otros doscientos si se disponía a lo que fuera, en una noche con ambos.

Así era Roff: un hombre limpio, sin trastienda. Había combatido en la Wehrmacht, pero nunca fue nazi. Después de la guerra, se inclinó más y más hacia posiciones de izquierda. Si hubiera que definirlo políticamente, sería un anarquista tolstoiano, con una serie de proyectos filantrópicos que nunca llevó a cabo; pero me consta que practicó consistentemente la generosidad con gente humilde. A diferencia de Tolstoi no tenía nada de cristiano, y como ya dije, se burlaba de la moral referida al sexo o a la propiedad privada.

Vivía del juego; del juego limpio, entre *gentlemen.* Nunca se mezcló con fulleros; pero en dos ocasiones en que lo dejaron sin blanca, asaltó bancos rurales, por cantidades de quince mil y ciento cuarenta mil dólares. Cuando estaba sin dinero lo invadía tanta tristeza que prefería morirse. En aquellos dos asaltos, muy improvisados, se jugó la vida.

Roff había tenido una adolescencia y juventud principescas, en su nativa Baviera. La guerra arruinó a su familia, y desde el cuarenta y cinco, al cumplir los treinta y nueve, se convirtió en un aventurero internacional. Su capacidad para adivinar las intenciones de los demás, le advertía casi siempre cuando algún jugador le hacía bluff. Se consideraba a sí mismo un telépata receptor; y cierto o no, me consta que vivía de ese instinto.

Me llevaba treinta años. Nunca quiso tener vivienda propia; ni siquiera en épocas de gran prosperidad. Vivíamos en casas alquiladas u hoteles; y cuando nos daba por trashumar, recorríamos Europa o los EE.UU. en un *trailer* de excursionistas. ¡Qué rápido pasaron aquellos seis años! Repito que sólo muy recientemente he conocido una felicidad más intensa; y mi mayor temor es que también se acabe, como aquélla, abruptamente.

Cuando Roff intentó su tercer asalto, en un miserable banco de un pueblecito perdido no lejos de Tallahassee, lo mataron, y yo caí presa.

(¿Convendría añadir detalles del asalto y mi complicidad como chofer? ¿Algo sobre el juicio? En todo caso, debo incluir que Roff oyó aprobatoriamente una confesión de mi vida, de la que sólo excluí lo que hice con Marcelo. Roff no lo habría aceptado y eso habría sido el fin de nuestra relación. Quizá por esa certidumbre, nunca pude amar a aquel hombre fascinante.)

5
CÁRCEL

Desde mayo del sesenta y cinco hasta octubre del sesenta y nueve estuve presa en la Florida. No sé por qué maldad del destino me tocó aquella prisión estadual, tan lejos de todas partes. Era un lugar espantoso. Desde que puse un pie en el patio, se me acercó una mulata marimacho, de origen portorriqueño, y se presentó como Lynda. Y a voz en cuello me dijo, señalando los rostros horribles que me rodeaban:

—¿Ves todas esas feas que están ahí? Todas están planeando comerte y esta misma noche te van a forzar. Yo no fuerzo a nadie, pero defiendo a mis amiguitas. ¿Quieres ser amiguita de esta mulata sabrosa o que te cojan esos buitres?

¿Qué otra opción me quedaba?

Sabía que para subsistir sin grandes sufrimientos, debía ganarme a una de las mandantes. Lynda, condenada a veintidós años por homicidio, me protegió de humillaciones y brutalidades que de seguro me habrían llevado a la locura o el suicidio. En la intimidad era un poco tosca y burdamente pasional, con orgasmos locuaces que al principio me enfriaban. Pero con el tiempo, yo también aprendí a gritar obscenidades. No carece de encanto.

Lynda se enamoró perdidamente de mí, y yo le cogí cariño. Apadrinada por la mafia de Miami, que velaba por ella desde afuera, había conseguido alguna influencia con las autoridades del penal. Gracias a Lynda, logré prebendas en la alimentación y el régimen de trabajo obligatorio, que me permitieron dedicar casi siete horas diarias a leer y escribir. Y Lynda se encargaba de que guardaran silencio. En esos cuatro años leí mucho más que en toda mi vida precedente, y con el máximo aprovechamiento. Y una vez más me propuse escribir. Cuando ya llevaba unos seis meses presa, concebí otra trama y comencé a trabajar;

pero al segundo año la deseché. Era lenta, no lograba el tono ni conseguía transmitir el patetismo de la vida carcelaria, tal como yo lo sentía. Para entonces, ya había viajado y leído suficientemente, y mi vida era una cornucopia de materia prima novelística. ¿Por qué no me salía nada atractivo? Me dije que no había estudiado suficientemente los problemas de estilo y estructura. Así, dediqué los dos últimos años en la cárcel, casi completamente, a leer y tomar notas. Las demás presas se habían acostumbrado a mí; me trataban con una respetuosa distancia, y salvo el primer año de adaptación a aquel mundo soez y brutal, puedo decir que no tuve grandes padecimientos. Por supuesto, la privación de libertad en sí es una durísima prueba, con momentos inimaginables para quien no la haya pasado. *(Describir el intento de suicidio.)* Por librarse siquiera unas horas de la desesperante monotonía, uno es capaz de desear las cosas más inicuas. *(Lynda asesina a Rose.)* Hasta las mujeres más estables nos regocijábamos íntimamente ante cualquier trifulca. Eso nos rompía la monotonía de la cotidianidad y daba lugar a conversaciones, recuerdos, anécdotas que remozaban los ánimos y el buen humor en las celdas. *(Describir mi proceso de endurecimiento y adaptación al medio lumpen.)* Durante los dos primeros años, el intento de escribir me libró de muchas ansiedades; pero después, llegué a sufrir mucho el encierro.

Seis meses antes de mi salida en libertad, Lynda comenzó a mostrarse muy deprimida y agresiva. La idea de no volver a verme la trastornaba. Por primera vez en esos días me maltrató de palabra. En el amor empezó a usar de mordidas y pellizcos que convirtieron nuestros encuentros en una pesadilla. Una noche en que intenté resistirme, me molió a puñetazos el abdomen y me amenazó con un punzón que sacó de un escondite. Al otro día, arrepentida, juró que nunca más me maltrataría; pero confesó que no era capaz de sobrevivir a mi ausencia y había concebido un plan de fuga. Para mi horror, era un disparate absolutamente impracticable. Obviamente, quería comprometerme en un delito que prolongara mi estancia en la cárcel.

Al día siguiente, Lynda apareció muerta en un baño, con el corazón traspasado por un punzón. A nadie se le ocurrió sospechar de mí. *(Dar detalles pormenorizados, especialmente de la noche de insomnio y preparativos del plan.)*

Creo sinceramente que no soy una criminal. No gozo matando. La violencia me resulta estéticamente deplorable. Los homicidios que cometí en mi vida, fueron en defensa propia; entendida no sólo como defensa de mi integridad física; sino también de una libertad individual y una solvencia económica, indispensables para vivir una vida trascendente.

Mi educación religiosa, dentro de la iglesia anglicana, fue mucho más un culto del decoro social que una fe cristiana. Y desde muy pequeña comprendí que Dios, o la Naturaleza, o lo que fuera, habían impuesto al reino animal, una convivencia basada en la fuerza o en la inteligencia, que es su forma superior. ¿Quién sino la Creación, había dispuesto que el tigre, para poder vivir, matara al ciervo y el hombre a la vaca? En todo caso, esa ley fundamental no está en contradicción con que Doris, para vivir, mate a Lynda; sobre todo, cuando Lynda compromete la vida o libertad de Doris.

(1. La teoría del homicidio en defensa propia necesita más elaboración. Insistir en el carácter biológico y no divino del hombre. Recordar el concepto eterno del héroe, desde el Peleida Aquiles a nuestros días.
2. Es indispensable una buena descripción de la cotidianeidad en la cárcel: la rutina, las comidas, etc. Convendría visitar algunos penales, rescatar ruidos, olores, rostros. Hay que incluir también muchas anécdotas.
3. En estas primeras notas, ordenadoras de ideas, debo dar episodios espectaculares que sirvan para hacer del libro algo atractivo para un gran público: reyertas, aberraciones; el intento de asesinar a Gail, abortado por la delación de Lynda; mi sorprendente ferocidad, desconocida para mí misma; la paliza que di a la Tuerta en el taller de costura; mi participación en el estrangulamiento de Myriam, ordenado a Lynda por la mafia de Miami, etc. Releer memorias carcelarias. Pensar posibilidad de incluir citas de La Balada de la cárcel de Reading.*)*

6

MIAMI, TIJUANA, EL PASO

Cuando salí de la cárcel tuve en Miami una aventura con un traficante en objetos de arte, al que llamaremos Charles. Aún le tengo estima, y si estas memorias se publican, no quiero comprometerlo. Traficaba fundamentalmente con oro, plata y objetos preciosos.

En esos días, yo aspiraba a un amante rico que me ayudara a salir del pantano económico en que me dejara Roff. Con los únicos dos mil dólares que poseía, me había instalado en un hotel lujoso de Daytona Beach, a vivir unos días de la caza y de la pesca. Y Charles cayó entre los primeros. Yo tenía ya treinta y tres años, pero podía declarar veinticinco sin levantar sospechas.

Hicimos buenas migas y al cabo de una semana, me invitó a Nueva York. Finalmente, me propuso un negocio, que consistía en dirigir un contrabando de oro, desde Panamá. Me jugaba otra cárcel, pero acepté. Todo salió bien y gané doce mil dólares. Poco después, hicimos una operación parecida desde México, también con buenos resultados. Me interesó aquel negocio y me instalé en Tijuana. Allí viví dos años, hasta l971, con una cobertura de periodista; pero actuaba como depositaria, nexo o portadora de mercancías destinadas a Charles. Aquello no me hizo rica, ni yo lo esperaba. Estaba empecinada en escribir una nueva novela, y las comisiones que ganaba en aquel trabajo sencillo y poco arriesgado, me permitían vivir sin holgura, pero confortable y despreocupadamente, en una casona colonial que alquilaba en las afueras de la ciudad.

Allí me entregué tozudamente a escribir. Tras los fracasos anteriores, era un acto de suprema voluntad, y hasta cierto punto de valentía, porque si no resultaba, tendría que asumir mi mediocridad. Mi verdadera aspiración de entonces era vivir con un propósito elevado, de una profesión que me valiera un gran reconocimiento público. Quería acceder a la fama que hoy tengo, y vivir por derecho propio, admirada o por lo menos respetada por personas de talento.

Sin embargo, al terminar mi segundo año en México, llegué por primera vez a la intolerable sospecha de que no tenía talento literario. Entré en la peor crisis de mi vida artística. Decidí volver a los Estados Unidos y me establecí en una finca rústica, pero confortable, a unos quince kilómetros al norte de El Paso, Texas.

> *(Describir mi horror a la mediocridad, el vacío de aquellos meses, el conato «neroniano», la etapa alcohólica, la situación con el banco y mi falta de desesperación ante la ruina inminente. Sobre todo, detallar acuciosamente las circunstancias que me llevaron a planear el secuestro de Jim, de modo que todo lo casual resulte verosímil.)*

Cuando apareció la novela *El padrino*, tres o cuatro años después de los hechos que voy a narrar, encontré en mí una singular coincidencia con el personaje. Don Corleone exigía respeto para su persona. Ese norte había estructurado su vida. Yo también buscaba respeto. Él quería satisfacer categorías de su ética siciliana. Yo tenía otras, pero la misma actitud. Como él, veía el mundo dividido entre quienes merecen y quienes no merecen respeto. Personas y cucarachas, decía yo. Y en esos días elaboré mi teoría de que un mediocre tiene derecho a la vida y a la felicidad siempre que no incurra en dos pecados imperdonables: atribuirse el talento de que carece o interponerse en el camino de quien lo tiene.

Jim nunca se interpuso en mi camino, pero pecaba de necio. Era un hijo de papá millonario, no ya mediocre sino estúpido, incapaz de una sola idea lúcida, al que hacía un par de años le había dado por estudiar las culturas precolombinas, y presumía de que iba a demostrar su origen extraterrestre, para lo cual daba los más disparatados argumentos. Yo le oí una intervención por un canal de la televisión mexicana y dio la casualidad que en esos días cayó en mis manos una entrevista que le hiciera un periódico sensacionalista de Ciudad México, donde me enteré de su locura y de la enorme fortuna de su padre. De inmediato se me ocurrió secuestrarlo y reuní sobre él toda la documentación que pude. Luego le escribí con nombre falso y tras elogiarle un artículo que había publicado, le informé de que al efectuar unas excavaciones recientes en el sótano de mi casa, en El Paso, con miras a una remodelación para instalar una cava, había descubierto un muro de piedra con inscripciones antiquísimas y algunos dibujos donde se veían hombres en extraños atuendos, junto a lo que parecía una nave espacial. Le pedí total discreción, por temor a una publicidad negativa y anticientífica.

(Dar aquí abundantes detalles de los preparativos: la compra de las esposas, el acondicionamiento del sótano para entrar a él desde el garaje; la excavación del hueco donde lo enterraría; mi disfraz; el maquillaje; el encuentro «casual»; la patraña de las señales extraterrestres, etc.)

Cuando llegó el día de la cita, acudí al aparcamiento del motel en El Paso y allí estaba él esperándome. Llegué bien disfrazada, con una peluca negra y lacia. Vestía ropas de hombre muy holgadas, y calzaba unas botas mexicanas a las que había dotado de un tacón interno que me elevaba enormemente. A la finca llegamos un domingo poco antes del mediodía, cuando Andrés, mi chofer y jardinero, se encontraba en el pueblo con las dos sirvientas, para asistir a misa. Habitualmente iban a las siete de la mañana, pero aquel domingo inventé un pretexto para que asistieran a la misa de once.

Desde el garaje, penetramos al sótano; bajamos por la escalera de piedra. Luego, mientras avanzábamos hacia el extremo opuesto, pisé un dispositivo preparado de antemano y se apagó la luz. Yo, que iba delante, tomé a Jim de la mano para guiarlo, y unos segundos después le esposaba una muñeca, encendía la luz y le apuntaba al rostro con un Colt 45.

Después del primer encuentro, siempre me le aparecí con una capucha. Quería tranquilizarlo. Esa precaución mía le dio a entender que no pensaba matarlo. Desde el primer momento le dije que al menor intento de gritar o hacer ruido le aplicaría mordazas y somníferos. Y era tanto su miedo que, cuando hablaba conmigo, susurraba.

A su lado tenía agua, comida, ropa limpia y condiciones decorosas para hacer sus necesidades, que yo misma evacuaba.

> *(Describir aquí algunos detalles de lo ocurrido durante los veintidós días en que Jim estuvo secuestrado; las precauciones para que mis sirvientes no pudieran de ningún modo penetrar al sótano ni enterarse de lo que allí ocurría; las tres comunicaciones que tuve con el padre de Jim desde distintos lugares de EE.UU.; las fotos de Jim leyendo el suplemento del New York Times durante los tres domingos pasados en cautiverio; y el trabajoso mecanismo que diseñé para cobrar los trescientos mil dólares, con riesgos mínimos. Ojo: Hay que abundar en detalles y dar al relato la tensión que exige un* thriller.*)*

Cuando conté el dinero, bajé al sótano y le di un tiro en la nuca. Murió sin darse cuenta. Descorrí la tarima que tapaba el hueco, volqué en él la tierra que había guardado en los doce sacos, apisoné la superficie lo mejor que pude y volví a poner encima la tarima con los bultos. Tras varios descansos, invertí en total tres horas en enterrarlo y borrar las huellas.

Poco días después, el dueño de la finca me autorizó encantado una nueva mejora que se me había ocurrido para el sótano. Quité la tarima de madera que cubría la tumba de Jim, e hice que unos albañiles construyeran una base de cemento, so pretexto de que me sirviera de soporte para una planta eléctrica auxiliar que pensaba montar. Seis meses después, le compré la casa al exorbitante precio de ochenta y cinco mil dólares al contado y al año la revendí por setenta mil.

Jamás hubo sospechas de que yo pudiera estar involucrada en el secuestro de Jim Glauber. Y aquellos trescientos mil dólares, en efecto, cambiaron mi vida.

7
TRAS LOS PASOS DE HEMINGWAY

(Este capítulo debería comenzar por una interiorización de mis vivencias en el período de la crisis; y luego, las singulares circunstancias de mi relación con Dominick.)

Por supuesto, Dominick era un conocedor y conmigo actuó muy profesionalmente. A boca de jarro, y sin ningún atenuante, me dijo que *Alas de cera* era una mala novela, pero una buena historia, que merecía reescribirse. Y me sugirió algunos cambios. Sobre todo, insistió en que modificara el final y eliminara algunos rasgos del personaje de Mildred. Pero su mayor aporte, por lo que toda la vida le estaré agradecida, fue el de que desistiera de la novela y escribiera un guión literario para cine. Luego, me criticó despiadadamente las dos primeras versiones del guión y sólo cuando terminé la tercera me dijo que aquello sí era algo decente y vendible. Y así fue. A los cuatro meses la compró Greg, con la condición de que yo le permitiera algunos cambios. El relativo éxito de la película me llenó de entusiasmo. Luego entre 1973 y 1976, escribí otros cuatro guiones, pero sólo se filmaron dos: *Taberna en rosa* y *La esquina del jolgorio.*

Con mis tres guiones filmados gané casi ochenta mil dólares y sobre todo, recuperé la confianza en mis posibilidades, al punto de que me decidí a una empresa mayor: la vida de Hemingway. Entre los años setenta y siete y setenta y ocho estuve mucho tiempo en Francia, España y África, siguiendo los pasos del personaje. A fines del setenta y ocho, de lo que había ganado con el secuestro de Jim y los tres guiones, apenas sí me quedaban unos cincuenta mil dólares. Los tres meses de safari por la zona del Kilimanjaro me costaron una fortuna. Y para no arruinarme por completo, ya desde el setenta y seis había comenzado a vender artículos periodísticos. Finalmente, a mediados del setenta y ocho, me fui al Caribe y me vinculé al mundo insular. Llegué a convertirme en una yatista y pescadora experta. Y por mi amistad con Tim Schneider, formé parte de la tripulación del *Blue Parrot*, para el Torneo Hemingway de la Aguja, en aguas cubanas, en mayo de 1979.

(Narrar la relación con Tim y el encanto que me produjo en aquellos días, descubrir el entorno habanero de Hemingway.)

Yo no había imaginado que existieran tantos testigos de su vida en La Habana. En esos días conocí a Fuentes, su gran amigo y compañero de pesquerías, un español pintoresco y lleno de anécdotas, y a través de él fueron apareciendo otros personajes. Comprendí que debía aprovecharlos y decidí regresar al año siguiente para una estancia de varios meses: Cuba era un país barato, y si me acreditaba como periodista, podría ganar algún dinero, costear mi indagación y permanecer el tiempo que me fuera necesario para terminar el guión. A esas alturas, más que en un largometraje, pensaba en un serial para televisión que podía dar hasta seis capítulos.

Sin embargo, cuando aún me faltaban unos tres meses para terminar el guión, conocí a Tony Santa Cruz.

(Narrar mi encuentro casual con el Jarocho, y a través de él, el contacto con la numismática cubana, los negocios con Andrés Calahorra, etc., hasta la salida definitiva en yate.)

8

FAMA

El total de lo ganado con Tony fue de un millón ciento ochenta y cinco mil dólares. Esa inesperada fortuna cambió mis planes con respecto a Hemingway. Como ya no tenía ningún apremio económico decidí, antes que un guión para cine o televisión, convertir el profuso material reunido en cuatro años en una biografía novelada. Compré mi casa en Malibú y trabajé durante un año y medio con gran intensidad. En noviembre del ochenta y dos, decidí tomarme unas vacaciones y me fui a Suiza a esquiar. Y allí, una noche vi por televisión, *Brubaker*, una película de Redford sobre el tema carcelario, y de inmediato se me ocurrió la idea de un guión, basado en mi propias vivencias. Estuve un par de días pensándolo obsesivamente y cada vez me gustaba más. Por primera vez en mi carrera artística, se me daba una trama completa y con un final originalísimo. Llevada de un gran entusiasmo, regresé a California, releí el borrador de mi novela interrumpida en la cárcel, y encontré mucha materia aprovechable. Concebí completa la escaleta del guión y me fui a la Florida. Hablé con la directora del penal, le referí mi historia, mi estancia en aquella prisión un cuarto de siglo antes y mi deseo de escribir algo. Ella fue muy amable y me permitió visitar los locales, hablar con algunas reclusas y rescatar muchas sensaciones olvidadas.

(Referir mi encuentro con Lizz, que aún debía cumplir cinco años y ya no quería salir. Aquí debo esforzarme por definir las contradictorias sensaciones que me produjo volver a ver mi celda.)

Una vaga tristeza me dominó durante varios días. Era un sentimiento de lo efímero de la vida. Para mí habían pasado veinticinco años pero mi celda no había envejecido ni un minuto. Todo se veía tan igual...

(Referir también los aportes anecdóticos que me hizo Ann Baxter para el personaje de Rita; el odio que todavía me guardaba la Tuerta, convertida en una anciana canosa; y el caso de Katty. Referir también los regalos que les hice y la pequeña fiesta de despedida en mi celda.)

De regreso en Malibú, me olvidé de Hemingway y me puse a trabajar en el guión. Con gran satisfacción descubrí que podía recordar términos y giros del lenguaje carcelario, y los diálogos se llenaron de una gran autenticidad.

En mi vecindario vivía Ross Thomas y su esposa Rosalie. Son ambos gente muy inteligente. Él es un prosista excelente, de vasta cultura, cuyos juicios literarios siempre me han inspirado respeto. No sin temor, le di el primer tratamiento del guión para que lo leyera y esperé con ansiedad la respuesta. Me la dio a los tres días. Encontró que era excelente y me auguraba un éxito arrollador. Y me dio un consejo acertadísimo. Dado que toda la pieza transcurría en una celda, el patio y el taller de costura, él creía que yo debía aprovechar esa economía de locaciones, y antes que un guión para cine debía intentar una pieza de teatro.

Acepté su consejo y en una semana terminé la adaptación. Lo demás ya se sabe.

(No olvidar la insistencia del agente de Ross en que yo debía publicitarme como ex presidiaria. Incluir mi satisfacción ante la cascada de cartas, con expresiones de simpatía y solidaridad, justamente por mi pasado carcelario. Referir el éxito de Mi amiga Lynda, *en Broadway; las numerosas proposiciones para una película; el éxito de taquilla, el* EMI, *etc. Detallar mi consagración como dramaturgo en los años ochenta y cuatro y ochenta y seis.)*

9

JOHN

Estas notas fueron concebidas inicialmente para mis memorias íntimas, o para una novela póstuma; pero John, tras leerlas ayer, me ha aconsejado que las publique cuanto antes. Dice que bastará con cambiar los nombres de mis víctimas, las fechas y lugares de los casos, y mantener esencialmente los mismos contenidos.

Y me ha convencido.

Todo el elemento anecdótico servirá para justificar mis tesis sobre el derecho a liberar los instintos, para lo cual debo desarrollar sólidamente los siguientes puntos:

1. El hombre, como ser social, tiene necesariamente que regirse por leyes que permitan la convivencia.

2. Pero como ente biológico, no debe someterse a una moral que contradiga su naturaleza. Eso lo frustra y destruye. La represión de los instintos es la fuente principal de la infelicidad.

3. Muchos humanos, como algunos animales, suelen tener instintos brutales, que los convierten en ladrones y homicidas. Por tanto, se necesitan leyes severas que preserven a la sociedad de estos instintos individuales. Pero no es racional que un asesino o ladrón, tras el castigo, sea infamado. Debe ser ajusticiado en defensa de la sociedad, pero tiene derecho a morir con la conciencia limpia, y a ser amado y respetado por sus congéneres. La ley es un pacto social que nadie puede rehuir. El que pierde muere o va preso. Eso es todo. Pero no debe deshonrarse a quien no ha hecho más que seguir los impulsos de su naturaleza animal.

(Se han necesitado siglos para que el sexo deje de ser inmundo y pecaminoso. Y el ser humano no será feliz mientras exista una moral que reprima su derecho a robar y matar a quien desprecia. De hecho, las naciones más civilizadas siempre se han otorgado el derecho a matar y robar a los pueblos más débiles sin que sus ciudadanos se autocondenen o arrepientan. En resumen: ley sí, moral no. John se ha ofrecido para ayudarme a investigar y fundamentar esto sobre sólidas bases jurídicas y filosóficas. Dice que si logro una coherencia teórica, tengo asegurada la inmortalidad literaria. Nunca me había preocupado la posteridad, pero si a él le interesa, trataré de complacerlo.)

John nació en Alabama y no es racista. Es hijo de un pastor adventista y no es cristiano. Estuvo en la Legión Extranjera y no es un mercenario. Ha matado a decenas de personas y lloró como un niño cuando le arrollaron su perrita Diana. Es generoso, ama a la gente limpia y sencilla; pero ha matado por dinero, sin remordimientos. Es el único hombre al que he amado de verdad. Es sabio, fuerte y tierno. Buen amante. Al igual que Roff es muy ocurrente y me transmite un perpetuo optimismo, sin el cual ya no podría vivir. Es el único ser humano que conoce íntegramente y sin tapujos, la historia de mi vida. Y por eso mismo me ama y admira. A él debo también el haber podido organizar mis ideas y elaborar mi teoría del derecho al crimen. A los cincuenta años había logrado el éxito y la fama; y a los cincuenta y tres, conocí a John. Él es quien me ha aconsejado estas memorias. Sufro cuando no estoy a su lado. No sé qué sería de mí si algo le pasara. Es diez años menor que yo, y ante él me siento una niña. Quisiera creer en Dios para rezarle todos los días y pedirle que me permitiera morir con la cabeza reclinada sobre su pecho.

(Ése podría ser el tono para el capítulo de mis relaciones con John. Es importante referir la evolución de mis sentimientos: curiosidad inicial, simpatía, atracción sexual, intelectual, y finalmente, una desenfrenada necesidad de tenerlo al lado y de confesarle todo. Podría cerrar con

el descubrimiento de esa palabra que nunca había tenido para mí ningún sentido: ternura. Describir también el inaudito placer de sacrificarme por hacerlo feliz. De haberlo conocido un poco más joven, habría tenido un hijo suyo. Es el único hombre que me ha inspirado semejante deseo. Lo amo. Y este amor me hace todavía más incomprensible a mi madre. ¿Cómo puede alguien matar lo que ama?)

TERCERA PARTE

1

Mireya se removió inquieta en el lecho, buscó a tientas la sábana y se cubrió hasta el cuello, pero un clic dentro de su cabeza la hizo sentarse bruscamente. Palpó en torno suyo, musitando:

—Rafael, Rafael, despiértate.

Su compañero de lecho se estiró como un gato antes de abrir los ojos, y descubrió la mano de ella cubriéndole la boca. Se espabiló de súbito y sus ojos esbozaron una interrogación. La mujer le indicó que escuchara con atención y señaló hacia la pared.

Rafael se sentó en la cama. Un leve sonido de gavetas que se deslizan le llegó desde el cuarto vecino. Asintió. Había comprendido.

Ella se levantó en puntillas. Más allá de la pared, los ruidos continuaban.

Rafael caminó hasta el closet, lo abrió con cuidado y sacó un bate de béisbol de madera dura. Siguió buscando y sacó una escopeta de caza submarina. Se apoyó la culata en el muslo y haló la liga hasta tensarla. Se la tendió a la mujer. Caminaron hacia la puerta tratando de no hacer el menor ruido, el hombre en calzoncillos y la mujer con una bata corta que apenas le llegaba al inicio de los muslos. Salieron al pasillo con cuidado, mirando hacia todos lados. Del cuarto contiguo llegaba ahora el sonido de un sordo golpeteo, como si alguien estuviera inspeccionando las paredes. «¡El dinero!», pensó Rafael con angustia.

Con el bate y la escopeta listos, dieron dos o tres pasos hacia la habitación vecina, donde tenían el taller de artesanía y la oficina de «negocios». De pronto, Rafael tropezó con algo, pero no supo con qué. Oyó un levísimo tintineo. Esperaron inmóviles. Al oír que se reanudaban los golpes, Mireya indicó con la cabeza: «¡Adelante!»

Junto a la puerta del taller, Rafael escuchó con atención. No se oían pasos, sólo toques sordos, sin duda en la pared contraria. Parecía tratarse de una sola persona. Mireya le hizo un gesto: ella encendería la luz mientras él abría la puerta de una patada, con la escopeta lista en las manos. Eso habían hecho apenas unos meses atrás, cuando irrumpieron en el garito de unos maleantes que habían asaltado a un distribuidor al que Rafael le entregara fiado un maletín lleno de tallas y piezas de cuero repujado. Uno de ellos sacó un cuchillo, pensando que Mireya se asustaría. Ella lo dejó hacer sus fintas peliculeras, y lo cazó con calma, hasta destrozarle la muñeca de un batazo. Como el tipo gimoteó que ya se habían gastado el dinero, Mireya lo molió a golpes. El cómplice, hipnotizado por la punta del arpón, la miraba impotente. Les dieron un plazo para que devolvieran el dinero o les echarían encima a Pupy Kin Kon. Bate en mano, Mireya pensó que esa noche, fuera quien fuera el descarado aquel, se las vería con Kin Kon.

Mireya empujó con suavidad la puerta mientras Rafael retrocedía para tomar impulso. Cuando se lo indicó con un gesto, ella metió la mano, oprimió el interruptor y el recinto se iluminó. Rafael empujó la puerta a lo cowboy y entró de un salto, listo para disparar el arpón. Pero no vieron a nadie. Mireya dio dos pasos dentro del taller y percibió, de reojo, un movimiento abajo, a sus espaldas, junto a la pared; pero no tuvo tiempo de reaccionar. Un golpe salvaje en las corvas le dobló las piernas. Mientras caía, vio la escopeta por el aire, seguida del propio Rafael, que le cayó al lado con estrépito. Al chocar de cabeza contra el piso, Mireya perdió el sentido.

Cuando abrió los ojos intentó levantarse de los fríos mosaicos, pero estaba bien amarrada: los brazos, por encima de la cabeza, y las piernas abiertas, cada una atada a una pata de la mesa de trabajo. En su boca, un trozo de tela le impedía emitir sonidos. Ladeó la cabeza y vio a Rafael, también atado y amordazado, sobre una silla. Un hombre que llevaba una máscara rudimentaria sobre la cabeza, examinaba la pequeña caja de seguridad empotrada en la pared del taller. Tenía en sus manos una varilla de plástico, larga y fina, que terminaba en una punta metálica. Era alto, de unos seis pies o quizás algo más, pensó Mireya. Blanco, algo encorvado. Fuerte, a juzgar por el golpe. ¡Hijo de puta, ya se las vería con Pupy! Le clavó la mirada, tratando de descubrir algún rasgo, algo que luego la ayudara a identificarlo. Entonces, el tipo se volvió hacia ella. Se agachó y, de un tirón, le abrió la bata. Sus dedos callosos comenzaron a pellizcarle con suavidad los pezones.

Desde su silla, Rafael mugió y trató de balancearse. El hombre caminó hacia él y lo agarró por el pelo con calma, como un pesista que busca la mejor posición de las manos antes de levantar la haltera. Y de repente, con un tirón lo levantó, con silla y todo, por los cabellos. El mugido de Rafael se convirtió en un gemido sordo y sus ojos se llenaron de lágrimas. El tipo se sacudió de las manos el enorme mechón de cabellos que acababa de arrancar, se llevó un dedo a donde debían estar sus labios tras la máscara y silbó:

—¡Shhh!

Rafael, en su silla, lloraba de dolor. El hombre lo abofeteó tres, cuatro veces, hasta que lo hizo callar, y volvió junto a Mireya, para continuar sus caricias sin prisa. Entonces, metió una mano bajo las bragas y buscó el sexo húmedo. Mireya se injurió mentalmente: ¿era posible que el miedo se le convirtiera en excitación? ¡Increíble! Lo que le provocaban los dedos de aquel animal era un goce perverso, acrecentado por la presencia de Rafael. Cerró los ojos y trató de pensar con serenidad. Trataría de observar algún rasgo de aquel tipo, para buscarlo después. Parecía tener la calma de todo un profesional. ¿Quién podría ser?

De pronto el hombre le apretó un poco más fuerte un pezón y señaló hacia la caja de seguridad.

Ella asintió y él le quitó el tapón de tela de la boca. Mireya carraspeó.

—Si te digo la combinación, ¿te vas enseguida?

El hombre hizo un gesto indefinido y volvió a acariciarle los senos.

—La combinación es complicada —insistió, en voz baja—. Tiene su truco. Si me sueltas, yo te abro la caja.

El tipo negó con la cabeza.

—¿No me sueltas?

Volvió a negar. Su mano abandonó los pezones de Mireya y buscó de nuevo su entrepierna.

—¡Suéltame, maricón! —gritó la mujer de repente, incapaz de sofocar la oleada de ira que le causaba aquella inescrutable máscara negra y aquellas manos soeces.

El hombre le tapó la boca, pero colocó mal la mano, y Mireya le clavó los dientes con ferocidad. El puñetazo en el diafragma la hizo abrir la boca para buscar aire con urgencia, pero recibió de vuelta el tapón de tela con una violenta bofetada. Sin emitir sonido, el hombre la contempló mientras ella tomaba aliento. Mireya vio que le acercaba el dorso de la mano mordida a una mejilla. Cerró los ojos. Pensó que iba a recibir un golpe terrible; pero el encapuchado se limitó a limpiarse la sangre restregándose la herida contra la cara de ella. Luego se paró e hizo un gesto como de incomprensión. Tomó la varilla plástica y le pegó la punta metálica en un seno. La descarga eléctrica la hizo arquearse en un espasmo de agonía. El hombre, agachado, sacó una sevillana del bolsillo de su pantalón, cortó con cuidado las bragas y desnudó el sexo de Mireya. Ante los ojos desorbitados de la mujer, pegó la punta de la varilla en los labios de su vagina y se quedó mirándola, como pensativo. Mireya se sintió morir. Esta vez no se trataba de un ladronzuelo miserable, sino de un sádico. El tipo, como si lo hubiera pensado mejor, se acercó a Rafael y, con un gesto rápido, le aplicó una descarga eléctrica en el oído. Rafael se retorció, su vientre se contrajo y un borbotón de vómito le salió por las narices. El tipo cortó el pañuelo que le cubría la boca y lo contempló sin decir nada. Le palmeó la espalda un par de veces, y cuando estuvo seguro de que ya no se ahogaba, le levantó el rostro, apoyando la varilla en el mentón de su prisionero, y le señaló la caja.

Rafael carraspeó, escupió tres o cuatro veces, se aclaró un poco la garganta y habló:

—Veintitrés... derecha... ocho, izquierda... —el ladrón comenzó a manipular la combinación—, once... derecha... veinte... izquierda.

La caja se abrió sin un solo chasquido. El hombre miró adentro, sacó una cajita metálica con una cerradura simple, la forzó con la punta de su navaja y vertió su contenido en el suelo. Varias joyas rodaron por el piso del taller. Entonces, se volvió, amenazador, hacia Rafael y tomó la varilla.

—No... espera —jadeó éste—, en el fondo... hay una tapa... en el piso de la caja...

El ladrón metió la mano, palpó y levantó una placa metálica. Extrajo del escondrijo cuatro fajos de billetes. Los colocó encima de la mesa de trabajo, miró a Rafael, repitió el «¡shhh!» y se puso a contar el dinero. Satisfecho, lo guardó todo en un maletín de Aeroflot, cerró la caja, limpió cuidadosamente sus posibles huellas y se agachó junto a Mireya, que había contemplado la escena con terror y temblaba ligeramente. Con la cuchilla, cortó dos tiras de tela de la bata de casa. Le limpió el rostro a Rafael y lo amordazó de nuevo. Recogió la varilla y la guardó en el maletín. Cerró la cuchilla y se la echó al bolsillo. Mireya cerró los ojos: «Ahora se va, Dios mío, que se vaya ya, que nos deje en paz.» Sollozó sordamente.

Pero el intruso no parecía tener deseos de marcharse aún. Salió de la habitación y retornó casi enseguida con dos toallas en las manos. Con cuidado, le cubrió los ojos a Rafael, hasta cerciorarse de que su prisionero no podía ver nada. Hizo lo mismo con ella. Después, con parsimonia, se desnudó, se quitó la máscara, se agachó junto a la mujer y comenzó a besarle el cuerpo, sin que Mireya se resistiera. La poseyó con brusquedad, sin emitir sonido alguno. Luego se vistió, aflojó un poco las ataduras de la mujer, y se marchó sin mucha prisa.

Cuando Mireya logró desatarse y se quitó la venda del rostro, descubrió a su lado una tarjeta de cartulina con un MUCHAS GRACIAS a lápiz, en letra de imprenta.

Pasadas las dos de la madrugada, el hombre recostó su bicicleta en el muro del malecón, a la altura de la Avenida de los Presidentes. El botín había quedado bien escondido en el patio de su casita en el barrio de La Ceiba. Cruzó la doble vía a paso rápido, recostó al muro su maletín astroso y se puso a sacar sus avíos de pesca.

—Mudo, creí que ya hoy no venías —lo saludó un mulato viejo, delgado, de brazos todavía fuertes y pelo muy rizado, que ovillaba hilo de nailon en un carrete.

El recién llegado sonrió, respondió al saludo con una mano y después hizo un gesto elocuente.

—¿Echando un palito? —rió el pescador—. ¿Ah, dos? Feliz tú, que todavía puedes. Yo echo uno y tengo que descansar una semana. ¿Y estaba bueno el material?

Tony Santa Cruz cabeceó con las cejas muy arqueadas, y se besó, ruidoso, las puntas de cinco dedos.

2

El Mudo es hombre a to, cojone, es hombre a to, cuidao con eso, que cuando el Mudo dice que algo va, va, ¿qué cosa?, ¡ah, dice! ja, ja, ja, ríete, cabrón, que si lo dice, ¿o e que tú piensa que los mudos no dicen na?, no coma tanta mierda, que cuando el Mudo te mira así y te clava los ojos, hay que ser tremendo imperfecto pa no entender lo que te está diciendo, así mismito le pasó a Cirilo y al Viejo cuando me quisieron partir en el tanque, que el Mudo los miró sin decirle ni cojone, claro, coño, pa eso es mudo, sin decirle ni cojone, na má les clavó los ojos así, tranquilo, ma quieto que estate quieto, y lo mandaron a singar, y el Mudo no dijo ni pinga, ni pinga, asere, cruzó los brazos así, como los cojonús de película, y los dejó que sacaran el punzón y caminaran pa'rriba e mí, vaya, que comefanas salieron los tipos... ¿Yo? ¡Cagao, asere, cómo coño iba a estar! ¿Tú no sabe que Cirilo era chiva de los monos en la calle, y en el tanque los guardias lo llevaban como un príncipe y hacía lo que le salía del culo a la muy puta? Ah, tropecé con ellos. Mira, mi socio, ellos tenían un negocito de venta de cigarros en la barraca, y yo quise poner el mío, pero me cerraron, me chivatearon y los monos me sonaron dos registros que le roncó, hasta el ojo'el culo me lo revisaron, y me dijeron que cuidaíto si no quería ir p'al calabozo seis meses, y entonces los eché p'alante en la barraca, les grité que eran chivas, trompetas, que los guardias los protegían pa que echaran p'alante a too los reclusos, y el maricón de Cirilo me dijo que le fuera dando la medida pa la caja porque me iba a resingar to, y yo le contesté que le iba a dar la medida de mi morronga pa que fuera preparando el coño e su madre, y como me tiró un piñazo le soné una gaznata por el medio del jocico que estuvo media hora dando vueltas y soltando sangre por la nariz. Verdá que ese día no pasó na, pero por la noche quisieron madrugarme, suerte que yo le había dao cien baro a Jochito, el enfermero, pa que me pusiera en la enfermería bajo observación, porque si no... Me hicieron tiritas la colchoneta, asere, el trocito ma grande era de este tamaño, y le dijeron a to el mundo en la barraca que así mismo me iban a dejar cuando me cogieran. ¿El Mudo? Estaba en un rincón, junto con otros tres lancheros. Tú sabe que esa gente se busca y anda junto, bueno, no, en Ariza no es como en el Combinao, en Ariza to el mundo está mezclao, la gente esa de los derechos humanos, los lancheros, los que tienen hechos de sangre, los que están en el facho, los guapos, los jineteros, los del tránsito, como yo, asere, que soy un tipo pacífico y no quiero volá con nadie. Yo creo que a él se lo chuparon en un bote o algo así, vaya usté a saber, si él nunca le contaba na a nadie, claro, asere, pa eso es mudo. No, mudo na má, él oía bien, cojone, tenía oído de tuberculoso, como decía mi abuela, que'n paz descanse. Tenía unas cicatrices como de tiros en la cara y en el cuello, vaya asere, le dejaron el balcón jodío y un brazo que no podía levantar más allá de la cabeza, pa mí que fueron los monos cuando le echaron mano, pero el tipo estaba fuerte como un mulo, y cuando se empingaba, cojone, yo lo vi acabaíto de llegar, que un comefana quiso quitarle la colchoneta, asere, nunca he visto dar tanta patá ni piñazo juntos, lo descojonó sin decir ni pío, claro, qué cojone iba a decir, pero la verdá es que despué de eso to el mundo le cogió respeto al tipo. Tú te imagina, un gallo que no habla, que na má mira con unos'ojo que dan grima, asere, a vece me parecía que al tipo lo chivateó alguien, o que le había pasao una desgracia de tres pare'cojone, porque clavaba los'ojo en la paré como si quisiera taladrarla. Ah, lo de Cirilo y el Viejo. No, ellos estaban en otra barraca, pero parece que despué de una visita de La Habana los tuvieron que sacar de allí, no sé si algún gallo con palanca los echó p'alante, tú sabe cómo es eso, a vece cae algún hijo'e papá, vaya, nunca están mucho tiempo, pero viene gente a interesarse por ellos, y en una volá de esa parece que arriba alguien removió la mierda y tuvieron que sacar al Viejo y a Cirilo de la barraca y los pasaron pa la de nosotros, y a la semana montaron el timbiriche de nuevo y me jodieron una ventica que yo había armao con las balas que me traía Matilde, sí, ¡la mulata de Camajuaní, esa misma, sííí!, qué buena está esa hembra, qué rica, asere, cómo goza cuando la tiene adentro, fíjate que na má de pensar en ella se me para el trozo como si fuera un chama. A ésa me la tiemplo yo tan pronto llegue a la Yuma, asere, le voy a dar una clavá que se lo voy a dejar ardiendo... ¿cómo? ¿Con el hijo de Evaristo? Ah, ese chiquito e'un penco, en el pueblo decían que era hasta medio cundango. Tú verá cómo se pone la mulata cuando me vea, tú verá, *¿misis Matilde is jía? Yes, darling, com foky-foky,* pinga rica *tu yu,* así, asere, le voy a hablar en inglé y to, pa que vea que yo sé to lo que sabe el penco ese, y ademá, le doy ma rico que too los machos que ha tenío la muy puta. Sí, bueno, pue los tipos se me encarnaron y tuve que defenderme, pero la cosa se me puso cabrona, de pinga, asere... Si no e por el Mudo... ¿Que por qué lo hizo? Vaya usté a saber. Yo lo trataba con respeto, tú sabe cómo son las cosas en el tanque, tú no te mete con nadie y nadie se mete contigo, y si sale un imperfecto tiene que descojonarlo pa que a má nadie se le ocurra comer mierda contigo, porque si te deja coger la baja, despué te singa to el mundo. Pue miró a los tipos y ellos se cagaron en él. No, él los dejó que se me acercaran en el patio y los cogió mansitos, por atrás. El güeso era el Viejo, ya yo le tenía cogía la medida al yegua de Cirilo, así que cuando el Mudo le quitó el punzón al Viejo y lo dejó sin conocimiento, yo me di banquete con el otro maricón. Sí, asere, le dio por el cuello y, cuando iba pal piso le metió una patá en el pecho que lo dejó liquidao. Tú sabe cómo son las cosas, enseguida se formó el molote, los guardias rastrillaron los hierros, de pinga, y cuando to se tranquilizó, al Viejo y a Cirilo tuvieron que llevárselo'en camilla. A mí me tuvieron un mes en el calabozo, pero más na, porque el Viejo tenía el punzón en la mano cuando lo recogieron, pa mí que el Mudo se lo puso cuando lo dejó desmayao, así que tuvieron que mamársela y lo único que me pudieron colgar fue la pelea, pero ni juicio me hicieron, parece que Cirilo y el Viejo les habían llenao los cojone a ellos también. No, más nunca los vi, pa mí que los trasladaron pa otro tanque. Pero yo le debo la vida al tipo, asere. No, nunca me pidió nada a cambio. Yo volví a poner el negocito de los cigarros, pero tú sabe, el Mudo no fumaba y nunca me aceptó na. Yo te digo que el tipo e' hombre a to. Sí, asere, está loco por irse. ¿Cómo? Por seña, asere. Ademá, el tipo escribe cosa en unas cartulinas blancas chiquiticas. ¿Qué? Decía: «Quiero irme del país, resuélveme.» ¿La astilla? Coño, asere, ¿tú cree que el Mudo e' indigente? Claro que tiene. Me la enseñó, asere. Sí, yo no sé cómo, pero el tipo está puesto pa las cosa. Cinco mil. No, no sé, yo de fula no quiero saber ná por ahora. ¿En la Yuma? En la Yuma de quien no quiero saber ni cojone es de Fidel y los comunistas. Pero aquí, no joda, asere, si me cogen con fula encima, me resingan. ¿Tú no sabe que yo estoy ma tranquilo qu'estate quieto? No le doy ni al Coronilla, asere. Ni pinga. Pa que me dejen en paz. Y cuando esté allá, le vo' a mandar una postal al singao jefe de sector, comiéndome una pierna de jamón, bebiendo lague de latica y con Matilde en tanga, de espalda, pa que se le vea el culón, echándome aceitico de ese que se ponen los turistas en Varadero pa ponerse prietos. Se va a cagar en su madre el muy hijoeputa, que yo sé que me la tiene jurá pero no me ha podío coger en na. ¿Pal viernes que viene? ¿Dónde? ¿En el entronque que va pa Playa el Salto? Está bien, asere. Allí vamo'a estar el Mudo y yo. Sin tema. Oye, y tú sabe cómo e'la cosa: la astilla, en el barco. Ante, ni cojone. 'Ta bien, 'ta bien, yo sé que tú eres un tipo legal, pero no quiero que el Mudo se sigilie. Bien, bien... ¿Qué? ¡Ja, ja, ja, ja! ¿A quién cojone le va a decir algo, asere? ¡Ja, ja, ja, ja, ja! ¡Tú no ve que pa eso e'mudo!

3

Para los tripulantes del *María del Carmen*, el día había sido más que bueno. El majarro que traían atado a la borda del barco pesaba, por lo menos, mil quinientas libras. Hasta el pequeño puerto de Boca de Jaruco, faltaban todavía casi tres horas de navegación.

—¡Domínguez, oye, Domínguez! —le gritó el timonel, que señalaba hacia un punto en el mar—. ¡Mira pa' aquello, compadre!

El patrón aguzó la vista: a unos cincuenta metros se balanceaba un enorme tablón en la superficie. Algo sobresalía de la madera.

—¡Espérate, déjame echar un vistazo! —dijo. Se metió de un salto en la cabina y salió con un par de binoculares en la mano. Se acercó a la borda y miró, atento—. ¡Me cago en... ! —exclamó entre dientes, y, haciendo bocina con la mano, gritó—: ¡Hombre al agua! ¡A babor, hombre al agua!

El timonel cambió el rumbo sin esperar la orden.

Cuando Tony Santa Cruz volvió en sí en una cama del Hospital Naval, habían pasado diez días desde que fuera encontrado por un pesquero cubano, flotando sobre un tablón a casi veinticinco millas de la costa. Los médicos trabajaron mucho con él: además de heridas de bala en la cabeza, el cuello y la espalda, sufría una insolación, con quemaduras en hombros y brazos. La pérdida de sangre hizo temer un shock hipovolémico. En aquellos diez días, además de los facultativos, la policía había hecho lo suyo: identificado por las huellas digitales –confrontadas con los archivos penales–, establecieron su domicilio y lugar de trabajo. Un instructor se entrevistó con vecinos de la cuadra, pero nada pudo saberse del paradero de María de Jesús Oliva, madre del ciudadano Antonio Santa Cruz Oliva, presunto culpable de un delito de salida ilegal del territorio nacional.

Con el paso del tiempo y la mejoría del paciente, se esclarecieron algunas cosas: la bala que penetrara por la mejilla, le había destrozado parte del paladar y la lengua; el disparo del cuello le había afectado las cuerdas vocales y sólo podía emitir vibraciones muy roncas, que luego no conseguía articular. Ya nunca podría hablar, ni siquiera con ayuda de aditamentos electrónicos adosados a la laringe. La herida de la cabeza, a sedal, sólo dejó un largo surco blanquecino, que pronto sería cubierto por el cabello. El tiro en la espalda había hecho más daño: tras perforar el pulmón derecho y tropezar con la clavícula, había interesado la articulación del hombro. Las cotidianas inmersiones a veinte brazas, los abismales descensos en apnea que habían hecho de Tony un respetable profundista, le serían ahora imposibles. Sólo largas sesiones de fisioterapia podrían ayudarlo a mantener la movilidad del brazo derecho. Pero ¿qué fisioterapia se puede hacer en la cárcel? Y sin ninguna duda, a Tony Santa Cruz le esperaba un período a la sombra.

Tres meses y once días después, fue dado de alta y pasó a residir provisionalmente en una celda del Departamento Técnico de Investigaciones. Al principio, los interrogatorios fueron un enredo. Demandar información de un mudo que se negaba a colaborar y desconocía el lenguaje de las manos era una tarea de titanes. En las primeras semanas no pasó de aceptar que su nombre, dirección y centro de trabajo eran los que la policía había encontrado. Del paradero de su madre nada sabía: al menos, sus tercas sacudidas de cabeza parecían decir eso. Y cuando las preguntas versaban sobre sus heridas de bala, desviaba la vista y daba por concluido el interrogatorio. A toda insistencia respondía con una indescifrable expresión. El instructor, un viejo perro de presa matancero, dio por fin en el blanco con ayuda de un retrato de la madre aparecido en uno de los registros del apartamento de Miramar. «Tú la querías mucho, ¿verdad, Tony? Dicen los vecinos que tú la querías muchísimo...» Los dos repentinos lagrimones que brotaron de los ojos del preso, fueron un certero anticipo de que ya lo tenía a punto de «partirse». El capitán era un hombre curtido y había visto más de cuatro cosas en la vida; pero el llanto de unos ojos duros, lo sacudía a veces con un escalofrío de compasión. Sintió que había dado en el blanco. Tony pidió unas hojas, las dobló en cuatro y las partió, alineó cuidadosamente los bordes rasgados del papel y, con un gesto de la mano, invitó al instructor a preguntar.

—¿Dónde está tu mamá?

«Muerta», escribió, con sorprendente velocidad y elegancia de trazos.

—¿Cómo murió?

«Se ahogó en el mar.»

—¿Dónde?

«Como a veinte millas de la costa.»

—¿Tú la viste morir?

«Sí.»

—¿Se iban del país?

«Sí.»

—¿Cómo?

«En una balsa.»

—¿Quién te disparó?

Los ojos claros dispararon una andanada de odio y se clavaron, renuentes, en la pared.

—¿Cómo conseguiste la balsa?

Tony cogió aire; tuvo un momento de vacilación, como dudando si seguir respondiendo.

«Yo mismo la hice», escribió por fin.

—¿Cómo?

«Clavando tablas y poniendo cuatro cámaras debajo».

—¿Y tú pensabas llegar a la Florida montado en eso?

Tony asintió.

—¿Qué pasó en alta mar?

«No pasó nada.»

—¿Se encontraron con alguien?

Negativa con la cabeza.

—¿Cómo te hirieron?

Tony arrugó los papeles y los tiró a un rincón del recinto. Luego clavó la mirada en la mesa y todas las preguntas del instructor rebotaron en su coraza de mudez.

Terminada la instrucción del caso, el tribunal provincial de Ciudad de la Habana condenó a Tony Santa Cruz a ocho años de prisión, como sanción conjunta por los delitos de salida ilegal del territorio nacional y homicidio por imprudencia. El reo no quiso ni siquiera reunirse con el abogado de oficio asignado para su defensa. El letrado basó su escaso alegato de clemencia en el estado físico del paciente, en su buen comportamiento laboral de los últimos años y ahondó en la tragedia que representaba para él la muerte de su madre en alta mar. Durante el juicio, Tony se negó a responder por escrito a las preguntas que le dirigieron el fiscal, el defensor y el propio presidente del tribunal. El capitán, que figuró como testigo en el proceso, aceptó que no se habían aclarado muchas de las circunstancias más importantes del caso, debido a la falta de colaboración del acusado. En fin, una vista rápida, y en apenas dos horas Tony pasó de detenido a recluso. Tres días después, en un camión celular, fue trasladado a la prisión de Ariza, cerca de Cienfuegos, donde debía extinguir su condena.

Dieciocho meses más tarde, al ejecutar la sanción accesoria de incautación de bienes, la Dirección provincial de Viviendas de la capital ocupó el apartamento de Miramar, que aparecía a nombre de Jacinto Oliva, hermano de la difunta María de Jesús y fallecido años atrás, y entregó las escasas pertenencias personales de Tony Santa Cruz al depósito, de dónde podría reclamarlas una vez extinguida la sentencia y realizados los trámites correspondientes.

4

«¡Oh, La'bana, oh, La'bana, La'bana, La'bana, La'bana, La'bana, La'bana, La'bana, La-ba-ná!» La música inunda la casa, salpica el portal donde tres o cuatro parejas bailan, amontonadas, y se esparce por la calle. Tony las mira con disgusto. ¡La Habana! Lleva tres días en la ciudad y está a punto de perder la paciencia. Desde que salió de Ariza no se acuesta en una cama y, aunque le dé rabia, extraña su colchoneta carcelaria. Ha dormido en el piso de un edificio en construcción, a diez o doce cuadras de allí, despertándose cada vez que un ruido extraño se metía en su tenue sueño. Entre el cinturón y la piel lleva atados, en una bolsa plástica, los seis mil y pico pesos que le dieran al salir de prisión. Cinco años y medio de albañil, menos el treinta por ciento por manutención. Y ya. Cien pesos gastados en un botero para no tener que hacer la interminable cola en la estación del tren. Otros cuarenta en comida, casi exclusivamente pizzas. A tres cañas, el dependiente se las vende por la puerta de servicio. Tiene muchísimas ganas de tomarse una cerveza, pero en los seis años pasados a la sombra, parece que se esfumaron. Se fueron del país quizás. Siente que La Habana se le ha vuelto inhóspita, árida, peligrosa: tipos que te miran raro cuando cruzas frente a sus casas, viejas que te clavan la vista encima, comentarios en voz baja, ese tipo no es de por aquí, guapos que se te quedan mirando a ver qué volá, policías que piden el carnet de identidad y gruñen molestos cuando leen la constancia de que vienes de cumplir, ésa que debes presentar en la estación de policía de tu municipio de residencia. ¿Y cuál es tu municipio de residencia? ¿Sagua la Grande? ¿te vas a enterrar de nuevo en ese hueco? El apartamento de Miramar ya no existe: estaba a nombre de Jacinto... Mejor ni pensar en eso. ¿Dónde vas a carenar? En casa del tío abuelo, o quien coño sea,

aquel tío de tu mamá, que todavía te queda... A fin de cuentas, Isabela está en la costa, frente a la Yuma, y allí es donde está lo tuyo, donde tiene que estar... ¿Por qué no? Llegas, le tiras dos o tres mil billetes al viejo, y te instalas. Sin problemas. Sí, pero ya tú sabes: pueblo chiquito, infierno grande. ¿Qué piensas que va a decir la gente de un tipo raro, mudo, medio manco, canoso, el hijo de María que estuvo en la cárcel, vaya, cuidado con él, y seguro que t'echan p'alante cuando te vean en alguna cosa rara. Tú no crees en las comemierdas que repetía todas las mañanas el Pitirre. Que si el amor al prójimo, que si el perdón de los pecados, que si Dios en su infinita misericordia... Si hubieras podido hablar, le hubieras gritado mira, comemierda, mira qué misericordia, dos platos de agua sucia al día con un plátano hervido y un chícharo boyando arriba, más una cucharada de mermelada de quién sabe qué cojones, un trozo de pescado el día antes de la visita para que la familia no se preocupe, y siempre atento, porque la cárcel sigue siendo la cárcel y lo demás es baba, mierda en lata, teque para los giles, mira, estúpido, cómo te han perdonado los pecados, que te tienes que halar dos años aquí por dos cajas de leche condensada, cojones, que si al menos te hubieras llevado dos millones de fulas, vaya, hubiera valido la pena, pero por esa mierda... La Habana puede ser un lugar más árido que la superficie de la Luna, Tony, fíjate bien en esas casitas del reparto Juanelo, busca en las paredes las huellas de las inundaciones, que cuando el río —mira que llamarle río a ese chorro de mierda líquida— crece, la gente tiene que emigrar para la azotea, sí, porque en Juanelo no hay edificios altos ni vecinos con amplios apartamentos que puedan acoger las pertenencias, ni cojones, sube el frigidaire arriba de la cocina, la lavadora sobre la cama y el televisor encima del armario y trépate hasta que baje, que nunca hubo tormenta que no escampara. Y mientras tanto, mira a esa gente que vive en el churre, en casitas con salas de dos por uno y medio, mira cómo vacilan, bailan, se dan tragos de botellas de genealogía más que dudosa, se tocan las nalgas y las entrepiernas, se dan la lengua y buscan un rinconcito apartado donde echar un palito apurado, se asustan y ponen cara de yonofuí cuando una vecina casi siempre solterona los descubre y dice en voz alta que la gente perdió la vergüenza, que hacen cochinás en cualquier parte, míralos divertirse y gozar de esa vidita minúscula de la que pueden disponer, míralos girar, sonreír, pasarse la lengua por los labios, satisfechos del guateque que han improvisado sin otra aspiración en la vida, míralos y mírate a ti mismo, hecho polvo, esperando que un socito te haga un favor para ir tirando un rato, míralos y respira profundo, que ni gritar de rabia puedes, y repite para tus adentros que no importa cuán mísera sea la existencia de esa mulatica que menea el culo en el portal, o de esa vieja que se rasca disimuladamente las arrugas entre las tetas, de todos modos están tres escalones por encima de ti, y de pronto, llegas por quinta vez a la esquina del Pitirre, vaya, ¡por fin!, hay una luz en el cuartico. A ver hasta dónde le llegan la caridad y la misericordia.

Tony camina lentamente, entra por el pasillo, sube la tosca escalera de cemento y golpea la puerta tres, cuatro veces, sin fuerza. Ruidos de muebles que son apartados, chasquido de cerradura, chirrido de un pestillo y el rostro del Pitirre que primero indaga y luego se ilumina en una sonrisa franca:

—¡Mudo! ¡Qué sorpresa! ¡Alabao sea Dios! ¡Aleluya!

Los diez meses que Tony Santa Cruz compartió el cuartico del Pitirre en el reparto Juanelo le resolvieron unos cuantos problemas. En primer lugar, el del municipio de residencia. A los pocos días adquirió un carnet de identidad legítimo y, siguiendo los consejos del oficial de la policía ante el que tenía que reportar cada semana, volvió a su antigua ocupación de barrendero. La contrata le aseguraba seis meses de trabajo, y Tony le había tomado la medida al negocio con el carrito y el escobillón. Todos los días, a las seis de la mañana, sacaba sus enseres del depósito y se dirigía a la calle Santa Emilia, primera etapa de su periplo cotidiano. A las diez y media retornaba, vaciaba el tanquecito, guardaba el escobillón y el recogedor y se marchaba a descansar. Por las tardes, después del crepúsculo, Tony comenzaba a moverse por la ciudad. Tenía cosas que averiguar. Y para un mudo, todo era más enredoso. Pero más difícil que sus pesquisas era dormir, conciliar el sueño dentro de aquella colmena humana, saturada de grabadoras, toques de santo, canturías de borrachos trasnochadores, llantos de recién nacidos, peleas de matrimonios y gemidos orgásmicos. Le faltaba el húmedo y lúgubre silencio de la prisión, roto sólo por el seco taconeo de los custodios. En una de esas noches del Juanelo, Tony había descubierto la Biblia. Seguía burlándose de los diarios y tozudos rezos del Pitirre, de verlo negarse a oír música o a leer otra cosa que no fuera aquel libraco grueso, manoseado, de papel finísimo, impreso en letritas minúsculas. Mas, en uno de aquellos baches depresivos en que su cabeza se negaba con persistencia a desconectarse, comenzó a hojear el único libro disponible en la casa, saltando de un párrafo a otro, dejando por medio capítulos enteros, mirando sin leer las largas genealogías, obviando los significados, a veces incomprensibles, de frases y palabras que saltaban por todos lados. De repente, casi a la mitad, encontró un texto que leyó una y otra vez:

> Para todas las cosas hay sazón, y todo lo que se quiere debajo del cielo, tiene su tiempo: tiempo de nacer y tiempo de morir; tiempo de plantar y tiempo de arrancar lo plantado; tiempo de matar y tiempo de curar; tiempo de destruir y tiempo de edificar; tiempo de llorar y tiempo de reír... tiempo de amar y tiempo de aborrecer...

Sí, aquel librote tenía algo que decirle. Siguió leyendo casi hasta el amanecer. Y esa mañana, mientras su escobillón recogía el polvo de las calles en el reparto Rocafort, en el diálogo cotidiano que sostenía consigo mismo le pareció escuchar una nueva voz, más clara y precisa, que lo ayudaba a poner algunas cosas en su lugar.

Pero la lectura de la Biblia le duró apenas unas tres semanas. Leía de noche, para evitar que el Pitirre lo viera y pensara que lo podía reclutar para las ceremonias aquéllas en el templo los sábados por la tarde. Y el insomnio persistía. Comenzó a extender sus caminatas, sus rondas en torno a casas de antiguos conocidos. Y, sin darse cuenta, una tarde, a eso de las cuatro y media, se sorprendió, se despertó casi, caminando con ansiedad hacia el muro del malecón. ¡Ah, el olor del mar, las salpicaduras de las olas! Saltó a los arrecifes, se pegó al muro para que no lo vieran desde arriba, escondió los zapatos, la camisa y los documentos en una hendidura de las rocas y se echó al agua. Fue como sumergirse en el tiempo, en un líquido atávico, fetal, del que fuera trágicamente expulsado para siempre. ¿Para siempre?

Tras salir de la cárcel, había aplazado durante meses la verificación. Sabía que el hombro le molestaría cuando tratara de bracear por arriba. Nadando pecho, para su sorpresa, avanzó sin mucho esfuerzo, casi como antes. Luego nadó con un brazo por fuera y otro bajo el agua. Nadó diez, quince, veinte minutos. Sus piernas le respondían cada vez mejor. Con poderosas patadas compensaba la debilidad del brazo herido.

Descansó unos minutos, flotando boca arriba. Volvió a nadar con energía. Se alejó de la orilla y sintió un leve cansancio. Retornó, braceando suave, a los arrecifes y se tendió. Flexionó los dedos, se sentó y tomó una bocanada de aire. Sonrió: coño, estaba mucho más en forma de lo que creía. Se tiró de nuevo y comenzó a alejarse hasta unos quince o veinte metros. Miró al fondo. Una mancha arenosa le sonreía, blanquecina entre el agua verdiazul, a unos siete u ocho metros. Tomó aire sin prisa, y una leve punzada en el pulmón derecho le dio un aviso. Pero insistió: llenó y vació lentamente los pulmones tres, cuatro veces, hasta que le pareció que podía sobreponerse. El aguijonazo se le hacía cada vez menos y menos perceptible. Se zambulló con energía.

No pudo pasar de los tres metros: la hincada de aguja se convirtió en puñalada de carnicero. Cuando emergió como un bólido, un ataque de tos lo estremeció hasta el mareo. Nadó hacia la costa, se agarró de las rocas, metió la cabeza entre los brazos. Eso quedaba del Tony Santa Cruz dueño de la costa, profundista estelar, al que había que tocarle los cojones en La Copa. Otro capítulo cerrado. Otro mazazo al que seguirían muchas horas de tristeza.

Salió a los arrecifes, se vistió con lentitud y caminó, caminó hasta llegar, dos horas y media después, al cuartico del reparto Juanelo. Se tiró en la cama sin descalzarse siquiera, cerró los ojos y, sin darse cuenta, se quedó dormido. Cuando despertó, a la mañana siguiente, se sintió curiosamente vacío y descansado. Se vistió y, sin prisa, echó a andar hacia el depósito. El sol estaba ya sobre el horizonte. Por primera vez llegaría tarde al trabajo.

5

Antonio; pero todos le dicen el Mudo y yo también. Ah, porque es mudo de verdad. No, yo le hablo normal y él me responde con las manos, o escribe en unas tarjetas que lleva encima. Qué va, de sordomudo nada, oye de lo mejor. La verdá que no sé y como él nunca me ha hablado de eso, yo ni le pregunto. Para mí que le cayeron a tiros. Anjá, unas marcas en el cuello y en la espalda. ¿Tú estás loca, chica? ¡Y con el genio que tiene! Cuando se encabrona ¡muchacha! se queda quietecito, ni respira, y clava unos ojos en la pared que dan espanto. ¡Como si quisiera tumbar la casa, vaya! Una vez, no sé ni por qué fue, se puso, que yo te digo, mi amiga, me entraron ganas de perderme. ¿Yo? No le hice nada. Estábamos comiendo y de pronto me acordé que había comprado unas cervezas de esas, Heineken, Labat, ni me acuerdo, eran unas laticas azules. Le traje una y cuando la vio, la reventó con la mano, así, sin moverse. Y después no quiso comer más y estuvo como dos horas sentado, mirando a la pared, y cuando se fue yo creí que no volvía. Sí, hasta lloré, porque no sabía qué le pasaba. Pero al otro día, por la mañana, volvió. No, qué va, de lo más cariñoso que vino. ¿Preguntarle? Cuando se pone así, ni me muevo. Él es bueno conmigo y no se mete en mi vida. No me agita ni anda averiguando lo que yo hago. Nunca. Si no vengo a dormir, no me pregunta nada. Nadita. Él no es bobo y sabe en lo que yo ando. No, dinero tampoco. Nunca me ha pedido. Bueno, yo le compro su regalito de vez en cuando. Y él también. ¡Eh, qué tú crees! Oye, mira, yo nunca me había encontrado un tipo así. Vive y deja vivir. Me ayuda en la casa, nunca pregunta nada y todos los meses pone ciento cincuenta pesos arriba de la mesa para los gastos. No fuma y casi nunca bebe. Vaya, una cerveza, un traguito de ron. ¡Ah, eso sí! ¡Ahí habla, grita, canta! Vaya, que no tiene para cuándo acabar. Eh, ¿qué es lo que te pasa? ¡No me da la gana! ¿Tú crees que yo soy como Dagmara, que anda por ahí contando cómo tiemplan sus machos y de qué tamaño la tienen? Por eso le cayeron a galletas en el medio del Riviera. ¿Ah, tú no sabías? Se puso a decir que no se acostaba con Felo porque a ella le gustan los tipos pingúos y la de Felo parecía una verruga. Si hasta presa se la llevaron. Sí, chica, lo mío es la discreción. Y con mi Mudo, la cosa es dando y dando. Si él no se mete en lo mío, yo no me meto en lo de él. Bueno, si anda en algo, yo no sé. Por lo menos, en la casa no tiene nada que no sea ropa, los tarecos de pescar y sus libretas. Pues, pa' que te enteres, estudia conmigo. ¡Inglés, mi amiga! Con Raimundo, el viejito pájaro ese que vive en Santos Suárez. Sí, es buenísimo, como enseña. Tiene un método de esos de discos. No, yo lo grabé en casetes, si te hace falta... Él se embulló y no te creas, aprende cantidá. Claro, tiene esa ventaja. Pero escribe de lo mejor, y entiende muchísimo. Fíjate, cuando yo no doy pie con bola, él me tira un cabo. No te creas, es de lo más inteligente. ¿Sus cosas? Sí, a veces les doy un revisón. ¡Claro! ¿Tú crees que yo soy boba? No, él no se da cuenta, que si se entera... Mira, tiene una cajita con unas fotos, yo creo que son de su mamá, y como cuatro mil pesos. ¡Ni un centavo! ¡De eso nada, mi amiga! La verdad es que me va bien y no quiero ningún tiquitiqui con mi mudito. ¡Me saqué la lotería! No sé, tendrá como cuarentipico, pero aunque tú lo veas canoso así, y con el brazo ese medio jodío, es un mulo. Da unos piñazos de arrancacabeza. ¿A mí? Nunca, ni con el pétalo de una rosa. El único castigo que me da es el que necesito. Qué va, durísimo, nuevo de paquete lo tiene. ¡Chica, no jodas más, no insistas! Oye, ten cuidado, por los lados no me cortes tan bajito, que después se me ven las raíces. ¿Cómo? No, en el malecón, y yo creo que me lo mandó la Virgen de Regla. Sí, todo empezó porque vino a sacarme de tremendo lío. En enero, creo. ¿Te acuerdas cuando vino la orden de no dejarnos entrar a los hoteles ni a la Marina Hemingway? Sí, en esos días o poco después yo tenía que pagar una deuda y estaba sin un quilo, así que me tiré p'al malecón, a lo que se presentara. Claro, chica, a mí tampoco me gusta, pero no te creas, a veces cae algo bueno. Allí fue donde conocí al catalán aquél, que me llevó a Cayo Largo. ¿Te acuerdas? ¡Qué falta me haría otra semanita así! Pues una noche estaba yo pisteando por allí, y el Mudo me miraba, me miraba. Estaba pescando. No me decía nada. ¿Y yo qué iba a imaginarme? Pero sentía que me tenía clavados los ojos aquí. Qué va, me encanta que los machos se calienten mirándome. Pa'eso me pongo la minifalda, pa' que gocen. Y lo que no se anuncia, no se vende. Sí, yo caminaba por el bordecito de la acera, tratando de cazar algún extranjero, y en eso se aparece Ruby con el prieto ese que él tenía de tracatán, sí, el que sonaba a la gente cuando no querían cuadrar con él. ¡Se me fue el alma a los pies! Imagínate, yo le debía doscientos a Ruby y todavía me faltaban como cincuenta para pagarle. Pues, mi amiga, vinieron directo a donde yo estaba y me pidieron la plata. ¡A esa hora...! Nada, le tiré un llorao a Ruby, le dije que en tres o cuatro días le daba los billetes, pero él muy singao me dijo que le tenía que dar trescientos... ¡Tú sabes lo que es eso! ¿Yo? ¡Me subí! ¡Me volé! Le dije todo lo que me dio la gana... Me metió una galleta. No, el prieto no, el Ruby. Me metió una galleta y me dijo que me iban a hacer picadillo allí mismo, y el prieto me puso una llave, sí, me torció un brazo que casi me lo parte. ¡Allí mismo! Además, a esa hora, ¿de qué policía tú hablas? A la gente qué le importa, nadie se mete. Me las vi negras. ¡Con la fama que tenían esos dos tipos! ¡Abusadores! ¿Te acuerdas de los finlandeses aquellos que aparecieron en el bosque de La Habana? La gente decía que habían sido ellos. Espera, ¿de parte de quién? Chica, dile que salí, que me vuelva a llamar más tarde. Y gracias. ¿En qué iba? Ah, sí, me estaba cagando del miedo, y no podía ni gritar. ¿Para qué? Los pescadores no se meten en nada, lo de ellos es pescar, y echan la noche ahí, vacilando lo que ocurra. No, lo de Cuchito fue otra cosa. ¿Quién lo mandó a meterse con ellos? Pues, como te iba diciendo, el Ruby diciéndome horrores y el prieto torciéndome el brazo, cuando de repente, el Mudo se para delante del Ruby y lo mira, y mira al prieto, y vuelve a mirar al Ruby, serio como en un velorio. Y el Ruby, que se creía el rey del malecón, saca una navaja. Mira, chica, yo no sé qué le hizo, pero lo descojonó. Sí, vaya, perdóname la palabra, pero lo descojonó. ¿El prieto? Voló por arriba del muro, como una tiñosa. ¿Yo? Me quedé allí, asustada, temblando. ¿Qué me iba a decir, si es mudo? Imagínate el cuadro: el Ruby en el suelo, vaya, yo pensé que estaba muerto, el prieto quejándose en los arrecifes y yo que me meaba del susto en el medio de la acera. Nada. Agarró sus féferes, me cogió por el brazo y nos fuimos de allí. No no, él sacó una tarjetita blanca que tenía en el bolsillo, donde decía que era mudo. Pues me acompañó hasta aquí y yo lo invité a tomar café, y ya tú sabes. Poco más de un año. Bueno, dicen que el prieto se fue pa' Guantánamo, que andaba con un brazo enyesado. No, al Ruby más nunca lo vi. Se perdió del malecón. Y eso que era un tipo duro. Quizás se fue pa'l norte. ¿Quieres un traguito, mi amiga? De todo, ron, coñac, whisky. ¡Vaya, ya te dije que él no toma! ¡De verdad! No, ponte cómoda que hoy no viene. Va a estar una semana fuera. Fue a ver a unos parientes, o a unos socios por ahí, en Matanzas o Santa Clara... ¡Ay, chica, no me hales tanto!

6

La única vez que Ruby intentó volver a su reino, mes y medio después de su tropezón con Tony Santa Cruz, marcó su retirada definitiva. No se dio cuenta de que el medio tiempo de aspecto deteriorado que le diera una paliza en el malecón lo seguía. Ruby, ansioso, caminaba de prisa en dirección al cementerio de Colón, donde guardaba la mayor parte de sus «ahorros» bajo el cantero de flores de una viejísima tumba. Llegó, hurgó en el escondrijo, se echó unos billetes al bolsillo, dejó todo como estaba y echó a andar. Nunca supo de quién era el brazo pecoso que lo aprisionara por el cuello, cortándole la respiración, ni el puño que lo desnucó con un golpe feroz.

Dos años y medio después, la brigada de Pepe el Holguinero, enterrador de La Habana, pasaría un mal rato ante los familiares del difunto al que atendían esa mañana: al retirar la losa de la bóveda, un cadáver, colocado sobre la tapa de la caja superior, le dio la bienvenida con la mueca burlona propia de las calaveras. ¡Buen hallazgo para una mañana de domingo! Pepe volvió a colocar la losa y pidió excusas a los compungidos parientes, mientras para sus adentros se cagaba en la puta madre que lo parió con tan mala fortuna: tremendo lío el que se iba a armar cuando informara del suceso en la administración de la necrópolis. Por suerte, la tumba de al lado estaba vacía y todo ocurrió como estaba programado, propina incluida.

A veces, Tony llegaba más temprano al malecón, se quitaba la ropa y nadaba un rato. Luego montaba sus avíos en el muro y se dedicaba a pescar. Poco a poco, se fue introduciendo en la exclusiva sociedad de los pescadores de orilla, participando de su ficción con gestos y movimientos de cabeza, ayudando de vez en cuando a alguno de los viejos cuando surgían problemas con los ciclistas que enredaban las líneas, o con los jineteros que merodeaban por allí, detrás de los turistas o para vigilar a sus puticas. Una de esas noches, cuando sus compinches de pesca aún no habían llegado, los muslos perfectos de una chiquilla lo encendieron. Estuvo un rato dándole vueltas a la idea de cómo entrarle. Pero la suerte, que todo lo enreda, estaba esa noche para él. Tres puñetazos, una patada y un aventón por encima del muro, le ganaron a Elenita. Al día siguiente recogió sus bultos del cuartico del Pitirre, que ya le iba quedando más que estrecho, y se mudó para el apartamento de la muchacha, en el reparto La Ceiba. No le resultó difícil adaptarse a vivir con ella: eran dos solitarios que compartían la cama y se protegían mutuamente. Para Elena, su mudo era no sólo una fuerza envidiable y competente a su exclusivo servicio, y quizás, el único apoyo de que había disfrutado tras el divorcio de sus padres, la obligada permuta, y la huida de su mamá al extranjero. Tony disfrutaba de aquel cuerpo lujurioso y se entregaba a los mimos juguetones de la muchacha que, además, tenía el mérito de andar en lo suyo con discreción y dignidad. Con Elenita, fue descubriendo vida y milagros de los jineteros capitalinos: una colmena de avispas, feroces a veces, ávidas siempre, pero vulnerables. Tan vulnerables que se convirtieron en su mejor coto de caza. En cuanto Elenita le dio la punta de la madeja, Tony fue descubriendo por sí solo el trazado del gran laberinto habanero que desemboca en el dólar clandestino. Y comenzó a plancar sus golpes.

Indagó sobre el Ruby en primer lugar. Estaba en su casa, convaleciendo de varias fracturas, y en pocas semanas volvería al ruedo. Era un tipo peligroso. Podía matar, según Elenita. Sus amigos pescadores le advirtieron que era mala gente. Un veterano del muro, vecino del Fanguito, lo conocía desde chama y aseguraba que era duro y tenía socios fuertes en el ambiente.

Tony decidió empezar con él, por si las moscas. Quizá pudiese matar dos pájaros de un tiro. Y así fue; y mucho más de lo que había supuesto. A Ruby le quitó casi siete mil quinientos dólares con tremenda tranquilidad. Dos o tres golpes así, y podría encaminar nuevamente su vida.

Dejó pasar tres meses antes de volver a actuar. Tenía varios candidatos: dos taxistas, puntos fijos en La Chorrera, donde contactaban a las mujeres y a sus clientes; un mulato bajito y delgado, siempre de guayabera y botas de caballito, que repartía sobres de cocaína, a veinticinco dólares el gramo, «la cocaína más barata del mundo», según comentaban en el malecón; una matrona, que recorría a sus numerosas pupilas a partir de las dos de la madrugada, recogiendo la recaudación; y un matrimonio de artesanos, que con frecuencia andaba en autos alquilados en dólares, y cuya casa, al menos desde afuera, parecía prometer muchísimo. Recopilaba la información manteniendo los oídos bien abiertos. Para los turistas en su juerga tropical con jineteras y sus compinches, los pescadores no existían. Era como si no estuvieran allí. Además, para la gente, los mudos, ciegos e inválidos tampoco existían.

Libre por fin del escobillón y el recogedor, completaba las informaciones obtenidas junto al muro, con eventuales seguimientos. El gratuito aguaje de aquella mafia emergente, le facilitaba el trabajo. De todos modos, hacía algunas pesquisas, ayudado por una libreta de notas. Había que escoger cuidadosamente la fuente de información, casi siempre una anciana o un medio tiempo ama de casa; había que abordarla mostrando la mudez antes de que la persona tuviera tiempo de decir nada. Eso causaba, al momento, un torrente de compasión y un deseo de ayuda. Entonces, sacaba una hojita del bolsillo: «Compañera, soy mudo. Busco a un señor que trabaja en los taxis.» Enseguida llovían las respuestas. Vive aquí o allá, trabaja por la mañana, por la tarde, por la noche, tiene mujer, hijos, querida, bebe, fuma, forma escándalos, coopera en la cuadra, no va nunca a las reuniones del Comité, viene tarde, etcétera.

Contaba con otra magnífica fuente en su propia casa: las amigas de Elena, aunque poco numerosas, maldecían constantemente a sus chulos, sus matronas, sus colegas, sus clientes, a los policías que las detenían y a los que sobornaban, a los elevadoristas de hoteles, y a los porteros de los centros turísticos.

A partir de estas habladurías, centró su atención en dos candidatos: uno de los taxistas, «maceta» fanfarrón y dilapidador, y la pareja de artesanos.

En seis meses concretó ambos proyectos. Al taxista, cuando quiso oponer resistencia, tuvo que matarlo. Estaba previsto. Lo enfrió de una sola puñalada bajo las costillas, de abajo a arriba, buscando el corazón. Así mataba los puercos su padre. Lo dejó allí, sentado en el taxi, y se marchó con el dinero. Lo de los artesanos le tomó más tiempo y no requirió mucha violencia. Sólo la necesaria. El único imprevisto se lo causó lo buena que estaba la mujer en su bata transparente.

Las cosas le iban saliendo bien. Pero no se trataba de tentar al destino, que siempre lo había tratado a la patada. Tony Santa Cruz sabía que su suerte nunca duraba mucho. Al menos, en tierra cubana. Y ya era hora de buscar nuevos horizontes. Contrató a un botero para que lo llevara a Santa Clara. En manos confiables dejó un sobre con dinero, para que se lo dieran a Elena, si él no aparecía en un mes. Y una mañana, en marzo de 1989, con los ojos enrojecidos por la mala noche pasada en la terminal de ómnibus de Santo Domingo y el estómago calcinado a fuerza de tacitas de un café aguado y empalagoso, tocó discretamente a la puerta de una casita de paneles, en las afueras de Corralillo. Había obtenido la dirección por el Guagüero, su compañero de celda durante cinco años en la prisión de Ariza. En una carta reciente, su «ambia» le avisaba de la inminencia de unas «buenas vacaciones, con pesquería y todo», previniéndole que «mandara el dinero para la reservación». Y allí estaba Tony Santa Cruz, el Mudo, de nuevo jugándoselo todo a una sola carta. Pero, cojones, alguna vez tenía que salirle el *joker*.

7

Hialeah, 15 de febrero de l991

Querida prima:

Deseando que todos se encuentren con salud, nosotros por aquí bien, gracias a Dios, ante todo quiero hablarte de mami, y te diré que la pobre, yo la entiendo, no quería regresar allá, pero tampoco iba a dejar a sus nietos, bastante que sufrió cuando Maxito se quedó en Rusia y le escribió que no volbía porque se abía casado por allá con una rusa. Nosotras le cosimos dos billetes de cien dólares en el dobladillo de la saya, para que tuviera con qué comer allá y ojalá no se los encuentren cuando llegue a La Habana, aunque como sabes la jente del gobierno se pone de lo más impertinente con el que viene aquí a ver a sus parientes. Tía Rosa se fue hoy para Miami, a pasarse dos días en casa de Marquitos y el miércoles sale para Cuba, que Dios la acompañe.

Tengo una buena notisia que darte. No se si te he ablado de Tony, el señor que trabaja con Rafaelito en el rastro, que vino con nosotros para acá, tiene como cuarenta y cinco años y es muy serio y buen trabajador, todos están muy contentos con el, y yo también, y nos isimos novio y el dise que tan pronto page una deuda que tiene con una oficina del estado de la Florida, nos casamos, nadie lo sabe todavía, tu eres la primera a quien se lo cuento, mi prima, soy muy feliz porque al fin e encontrado un hombre bueno, Rafaelito lo conosió en la carcel en Cuba, por querer salir del país y parese que cuando lo agarraron lo irieron, porque se quedó mudo y le afetaron un brazo, pero eso no importa, porque todabía está fuerte y saludable, además, es muy atento y educado, no fuma ni bebe, y no le gusta jugar dominó o apuntar terminales, se pasa la vida leyendo y es una persona muy limpia, los domingos va con nosotras a misa en la Ermita de la Caridad del Cobre. Tú sabes cómo es Rafaelito, que no cree en nada, pero Tony es diferente, nos entendemos muy bien: el oye perfetamente y cuando quiere desirme algo me habla por gestos o escribe algo en un blo de notas, y te diré que además lee y entiende inglés de lo mas bien, y tú sabes que a pesar de que yevamos año y medio aquí, ni mamá ni yo le hemos podido entrar a este idioma, y ni falta nos hace, porque casi todos los vesinos son cubanos o colombianos pero Tony lee periodicos y rebistas americanas, y en la televisión pone canales anglos para enterarse de las notisia, casi siempre me acompaña al groseri y me ayuda a escoger los mandados, lee todas las etiquetas y siempre busca lo mejor y mas barato, cuando yo no entiendo un letrero el me lo traduce y lo escribe en el blo. Ayer salimos a pasear en carro y la pasamos muy bien, el maneja despasito porque aprendió en el rastro y no le gusta correr. Fuimos a la playa y a un restorán, y volvimos por la tarde. Yo le ilusioné tanto que le pedí me llevara un momento asta la Ermita, y le puse una vela a la Virgen, y luego caminamos un rato por allí, es un lugar tan lindo, con el mar que sienpre me recuerda a Cuba. Mamá está contentísima aunque yo no le he dicho nada, pero ella se da cuenta de todo. La semana que viene Tony piensa ir a Nueva York, a ver una hermana que vive por allá desde que el era niño y cuando vuelva va a pedir mi mano, yo me siento como cuando tenía quinse año, voy a tener que pedirle a Rafaelito que able con el patrón para que le suba el sueldo a Tony a ver si podemos rentar un apartamento por aquí cerca, no quiero quedarme a vivir con mamá, pero tampoco puedo alejarme mucho, para darle una vuelta de ves en cuando y ten por seguro que te invitaré a mi boda, querida prima, para que seas la madrina.

El tiempo por acá es maravilloso, con mucho sol, sin nubes y por el canal 23 pasaron un reportage sobre las nebadas en Maine, y vaya, yo no se como se les ocurrió irse a vivir en un lugar tan frío. Tu debes estar congelada todo el tiempo, prima. Por qué no vienen a pasar las Navidades con nosotros. Imagínate, podríamos ir todos los días a la playa como en Cuba...

Tony Santa Cruz no tenía ninguna hermana que buscar en Nueva York. Su camino era más largo y –según temía y anhelaba a la vez– sin retorno. Debía cruzar hasta el Pacífico, llegar hasta California, y poner punto final a las pesadillas que lo atormentaban desde hacía diez años.

Se bajó del ómnibus en Jacksonville. Comió ligeramente en un snack-bar y consultó los itinerarios. En las próximas tres horas podía escoger varias rutas: Birmingham, Memphis, Little Rock. Pensó que por Arkansas acortaría camino. Se sentó en un banco, sacó una tarjeta blanca del bolsillo y escribió: «Please, Little Rock, 8:45 PM». En la ventanilla, el cajero asintió con expresión diligente, le despachó el boleto y contó ceremoniosamente el vuelto. Tenía aún casi dos horas. Tony caminó hacia el estanquillo, compró los últimos números de ***Newsweek*** y ***US News and World Report***, y se sentó en un banco a esperar la salida de su ómnibus.

La monotonía del paisaje tejano lo hacía dormitar. «Una masa de aire polar...», repetían los locutores de la televisión en todos los noticieros. Recordó las olas plomizas, que asaltaban el muro del malecón para cambiar de color en el rompiente y pulverizar la cresta blanquiazul contra el parapeto de hormigón, llenándolo todo, a cuadras de distancia, de un polvo salobre que, con los días, se convertía en herrumbre sobre las superficies metálicas. Los frentes fríos habaneros, ridícula imitación del invierno auténtico, enemigos de putas, jineteros y pescadores de orilla. Una noche más o menos fresca, y al otro día, a sudar como si nada. Allá nunca había usado abrigo, ni siquiera dormía tapado, pero aquí la ola de frío lo había hecho gastarse sesenta y nueve dólares en una *parka* de segunda mano, en una tienda del Ejército de Salvación de Wichita Falls. Los moteles no eran caros, y se había limitado a comer en puros *fast food*. Sólo se había permitido un lujo la noche anterior. Cuando abrió la puerta de la habitación y encontró a aquella trigueñona medio congelada en su minifalda, invitándolo a pasar una buena velada por unos cuantos billetes, la dejó entrar. Diecisiete, dieciocho años a lo sumo. Sangre mexicana o india. Buenas tetas, culito redondo, piernas bien torneadas y muslos de competencia.

Comenzó a desnudarse, mientras ella se metía bajo las sábanas. «Oye, son cien *bucks* la noche», advirtió la chica. Él, tras sacar un billete del bolsillo del pantalón y colocarlo encima de la ropa de ella, le cayó arriba con hambre vieja.

¿Marlene? ¿Kimberly? ¿Rosemarie? Ni se acordaba del nombre. ¿Y qué importa un nombre? Ni siquiera podría describir su rostro. Pensó que de su culo moreno y rotundo, se acordaría mucho tiempo. Eso sí.

Complicó el camino a propósito. Habían pasado muchos años, y podía esperar unos días, unas semanas más. No quería llegar a Los Ángeles desde el sur o el este. No sabía por qué, pero percibía que si arribaba desde alguna de esas direcciones, sería como anunciar que venía de un lugar al suroeste del universo. Y ese lugar, tanto para él como para todos los que compartían su vida cotidiana en Hialeah, era Cuba. Actuaba por instinto de depredador: debía dejar la menor cantidad de huellas posibles. Siempre pagaba al contado, en billetes pequeños. Viajaba en ómnibus, en tramos ni largos ni cortos, aprovechando el tiempo para meditar, leer la mayor cantidad de revistas y diarios posible e impregnarse del paisaje de aquel enorme país. No le había ido mal durante el viaje: nunca se hubiera imaginado las ventajas de ser mudo en un país donde se hablaba un idioma diferente al suyo. Había aprovechado su mudez para desalentar cualquier intento de averiguar algo sobre él. Los carpeteros de los moteles le tendían en silencio el libro de registro, cobraban y se olvidaban de él a los pocos minutos. Los vendedores de pasajes le sonreían, indicándole con el dedo las puertas de salida. En los *fast food*, las camareras le servían con diligencia. Cualquier otra cosa la encontraba en las guías telefónicas y las páginas de anuncios de los diarios. Unas cuantas tarjetas blancas, en las que escribía con letra de imprenta, le resolvían el problema. «Available room?» «Please, the bus station?» «How much?». No se necesitaba mucho más para cruzar el continente desde el Atlántico hasta el Pacífico. Unas pocas palabras y unos cuantos billetes. Y un motivo, un buen motivo. Él lo tenía.

Entró en una pizzería pequeña, de apenas diez o doce mesitas. Con expresión de quien pide perdón, ordenó una pizza de pepperoni y una cerveza, que le fueron servidas casi al momento por un camarero adolescente. Masticó con toda lentitud mientras tomaba una difícil decisión, quizás lo que más le asustaba de su periplo transcontinental. Se permitió pedir otra cerveza, que bebió también muy lentamente. Sacó una tarjeta blanca del bolsillo, escribió algo y pidió la cuenta.

Pagó, dejando una propina adecuada. Volvió caminando a su hotel, recogió el maletín y tomó un taxi. Con cierto estremecimiento, le enseñó la tarjeta escrita al chofer. «Please, to the airport», decía. No podía negar que, en ese momento, y por primera vez en su vida, tenía miedo. Tony Santa Cruz nunca había volado.

8

Lo único que no le gustaba a Tony en el taller era la banda de negros jodedores, jugadores de dados y fumadores de yerba, que manejaban las furgonetas de la empresa. Cuando se juntaban tres o cuatro de ellos, el escándalo que armaban era insoportable. Peor que en Cuba. Prefería a los cinco salvadoreños que atornillaban junto con él, callados y temerosos de la «migra», o a los guardias de seguridad, chicanos o mexicanos, vaya usted a saber qué mierda eran, pues él no podía distinguirlos. Siempre hablando de «la raza», invitándose a bautizos, bodas, velorios. En los cinco meses que llevaba allí, había logrado construirse una burbuja impenetrable, escudado en su dificultad de comunicación. Trabajaba rápido y con buen ritmo. No le importaba que le pagasen una miseria. Su trabajo consistía en armar, destornillador en mano, diversos modelos de pequeños contactos eléctricos. Eran una patente de su empleador, que los producía en serie para vender a distintas industrias. ¿Qué diría Mr. Thorpe si Tony le enseñaba su tarjeta de la Seguridad Social? Seguro que se cagaba de miedo y los echaba a todos. Pero eso nunca ocurriría. Para todos, él era otro inmigrante ilegal, uno más de aquellas plantas desgajadas, cuyas raíces a la deriva se agarraban al suelo salino de la Costa Oeste.

Sus asuntos marchaban bien. Había llegado allí sabiendo muchas, muchísimas cosas: direcciones, horarios, hábitos, preferencias, amigos, vicios. ¡Qué país! Las celebridades vivían como desnudas en el centro de una plaza. Entraban y salían de la cartelera, pero reaparecían, a veces con luz propia, a veces a la sombra de la estrella de turno. Además, cuando no había nadie muy importante a quien meterle mano, los cronistas rebuscaban y sacaban a la luz viejas y nuevas historias de antiguos protagonistas. Abrumado por el aluvión de artículos, fotos, reseñas y notas de la crónica social, Tony se sentaba a veces en su minúsculo cuartito, abría la gaveta donde iba guardando los recortes de periódicos y revistas, y se dedicaba a soñar que el tipo del *dinner jacket*, sonriente, del brazo de aquella cincuentona interesante, era él, Mr. Tony Santa Cruz, dueño de un puerto deportivo en Key West, en Hawai, en el Golfo de México; que el cuarentón atlético que echaba aceite en la espalda tostada de la señora era nada más y nada menos que él, Tony, campeón profundista de Miramar, anda, vamos a bajar a ver quien aguanta un minuto parado en el fondo a veinte brazas, dale, y cerraba los ojos, sintiendo el sabor salado del mar en los labios, la caricia fría del agua en la piel, reconstruyendo los contornos del fondo marino habanero, de aquel desierto pelado al que los peces acudían casi nada más que por costumbre, para terminar enredados en su nasa, y Tony se veía a sí mismo, de pie sobre la proa de aquel hermoso yate de la foto, con un par de langostas en las manos, mientras ella sonreía allá, a un lado, con una larga copa de champaña entre los dedos finos. Pero más allá del yate, más allá de la arena, más allá de los mágicos salones de Beverly Hills, más allá de los destellos de los flashes y los objetivos de las cámaras estaba el mar, el mar y el cañón de una pistola, el mar y los balazos que entraban en el cuerpo de su madre... el mar y el abismo, la náusea, la impotencia... El mar, que lo había corrido de su seno con los pulmones atormentados y le había dejado durante días una tristeza corrosiva, de la que lo salvó el odio; el mismo odio seminconsciente que ayudara al moribundo aferrado a un tablón a veinticinco millas de La Habana; el odio nutricio que sustentara sus desesperanzas y ganas de morir durante los años en la cárcel; el odio técnico y minucioso que lo acompañara día a día en los preparativos de su venganza; el odio balsámico, con que se apaciguaba en La Habana, recorriendo la soledad inocente de sus calles nocturnas. Pero en Los Ángeles, ciudad violenta donde nadie puede remozar sus odios, ni caminarlos de noche a solas, Tony se había hecho amigo del whisky. Durante el confinamiento en su cuchitril de presunto inmigrante ilegal, conoció un odio eufórico, que lo hacía lanzar al vacío una mirada sonriente y regodear la imaginación en la crueldad de su desquite.

Todo estaba listo y pensado en detalle. Por su cuenta había trabajado hasta que logró todo lo necesario para cambiar el aspecto de su moto y ponerla a punto. La pintó, le puso algunos extras –espejos nuevos, parabrisas oscuro, luces llamativas–, le cambió las placas por otras con matrícula de Wyoming y un carburador nuevo, que funcionaba con la precisión de un reloj suizo. Por si acaso, también los neumáticos eran nuevos.

Había gastado casi cinco semanas fabricándose lo que, en la jerga militar, se conocía como «puesto de observación». Al principio, se había sentido casi en una trampa sin salida. Las arenas de Malibú no eran un buen lugar para andar fisgoneando. Los distinguidos residentes de la mayoría de las mansiones guardaban celosamente su derecho al disfrute de su bien ganada y mejor pagada privacidad. Entonces, ¿cómo vigilar su objetivo sin llamar la atención? Cruzó varias veces la zona a pie, en moto, en un taxi... Esta exploración lo llevó a una conclusión fundamental: tenía que lograr fundirse con el paisaje, convertirse en algo cotidiano, habitual, en un objeto aburrido entre otros objetos aburridos.

La solución, sencilla como todas las genialidades, la encontró gracias a su sedienta lectura de revistas. En un número viejo de *The National Geographic Magazine* halló algo que le llamó la atención. ¿Por qué no? Rumió la idea durante diez o doce días, buscó otras revistas, gastó cuatro o cinco tardes en una biblioteca pública y, por fin, se decidió. Los gastos no eran tantos: un largavista con su trípode, una cámara fotográfica adaptable, gorra, camiseta adecuada y el alquiler de un apartado de correos...

Cuando desmontó de su vieja motocicleta y se instaló en un promontorio, a unos setecientos metros de su objetivo, nadie lo molestó. Había comprobado, en sus paseos previos, que el frente y la entrada lateral de la mansión, así como sus jardines y el garaje, eran perfectamente visibles desde allí. El resto se veía desde el mar, donde un sobrio yate blanco se mecía junto al embarcadero, pero ese ángulo no le interesaba mucho. Permaneció en el lugar durante las horas del crepúsculo, haciendo como que vigilaba el cielo, pero orientando su catalejo hacia la cerca, el portón y el piso superior de la mansión. No tomó muchas fotos en esa ocasión. Al otro día, tampoco nadie lo molestó. Ni siquiera el auto patrullero que cruzó lentamente por la carretera de la costa mientras él se instalaba, tomándose todo su tiempo. El tercer día de vigilancia también transcurrió sin novedad. Al cuarto día, una pareja de ancianos, obviamente residentes locales en su paseo vespertino, cruzaron a su lado y se limitaron a saludarlo con una inclinación de cabeza. Él respondió con satisfacción: al parecer, no llamaba la atención. Tres días después, comenzó a asistir a la playa a primera hora de la mañana. No le fue difícil cambiar el turno de trabajo.

Ya intercambiaba saludos silenciosos con cinco o seis de los paseantes matutinos habituales sin que nadie nunca le preguntara qué hacía por allí. Y no hacía falta. Con su gorra de pelotero azul, en la que una «B» amarilla, con dos alitas doradas, campeaba libremente sobre la visera, con su largavista, su cámara, su cuaderno de anotación y su camiseta, que por delante decía, en enormes letras color mostaza, BIRDCAL, y por detrás, en tipos negros, The National Birdwatch Cooperative, era uno más entre miles de ecologistas, naturalistas, amantes de los animales, bienpensantes o chalados que se podían encontrar en California —y en todo el país— a cada paso. En una ocasión, un pequeño grupo de niños, conducido por una mujer de mediana edad, de claros rasgos latinos, lo rodeó. Tony hizo lo que tenía pensado. Respondió con ademanes rápidos, indicando que no podía hablar, caminó presuroso hacia la moto, abrió las alforjas, sacó un manojo de folletos y revistas luego de contar a los niños con el dedo, se los repartió y, como excusándose por su mudez, abrió la boca y le enseñó el muñón de su lengua a la niñera, que no pudo contener un estremecimiento y un «¡Avemaríasantísima!», entonado en el más puro dialecto chicano del sur de Los Ángeles. Enseguida, los invitó a mirar por el catalejo hacia un puntito muy alto, pero la mujer, como una gallina asustada, retiró a los niños entre balbuceos de agradecimiento. No se volvió a tropezar con ellos en dos o tres semanas, y la próxima vez que divisó el uniforme rosado a cuadros de la niñera, ella se limitó a saludarlo con la mano desde lejos.

Había sido una excelente idea mandar a confeccionar una docena de camisetas con inscripciones de grupos de observadores de pájaros, y solicitar folletos y materiales promocionales a varias instituciones del giro. ¡Ah, país maravilloso donde todo podía hacerse por correo! Cuatro o cinco veces más repartió prospectos y alejó a niños curiosos con el infranqueable obstáculo de su mudez. Finalmente, era otra pieza más del paisaje, un poco monótono, de aquella playa californiana. Aferrado a su largavista, fotografiando a quienes entraban o salían, anotando cuidadosamente en su cuaderno los movimientos de personas y vehículos, llegó un día en que pudo determinar el pulso, los latidos, el aliento de aquella casa. Había llegado la hora de cortarlos. Preparó su golpe para el domingo siguiente. Por la prensa chismosa del ambiente hollywoodense se había informado de algo y suponía que el domingo por la mañana, encontraría lo que buscaba en la mansión. Pasó en vela hasta la madrugada vigilando el portón, y en efecto, pasadas las tres llegó el «Porche» blanco con ella al timón. Raro, porque habitualmente manejaba él.

Tony Santa Cruz llevaba once años perfeccionando su odio. En unas pocas horas le daría rienda suelta y tendría su esperada fiesta. Su *mise en scène*, como decían los periódicos que hablaban de Broadway. Pero ésta llevaría libreto y dirección de Mr. Tony Santa Cruz. Con una dedicatoria en la primera página: «A la memoria de mi madre querida». Singular pieza en un solo acto, con tres artistas, sin espectadores.

A las 06:30, mientras metía sus tarjetas blancas en los bolsillos de la chaqueta, Tony comenzó a recordar algo que había leído una vez. Cerró la puerta de la casita, abrió el pequeño cobertizo y sacó la moto al patio. Sí, en la Biblia del Pitirre. Arrancó la moto y dejó que se calentara. Se acomodó la mochila a la espalda con movimientos lentos y cuidadosos, como si no quisiera espantar las palabras. Sí, así mismo: «...todo lo que se quiere bajo el cielo, tiene su tiempo: tiempo de nacer y tiempo de morir; tiempo de plantar y tiempo de arrancar lo plantado; tiempo de matar...»

Sonrió y miró hacia el cruce.

A las 07:13 oyó el inequívoco chirrido de las llantas del panadero. Cuando tomaba la avenida y enfilaba hacia la costanera, el italiano loco se creía un Fórmula 1.

Abrió el portón y se encaramó en la moto. Cuando vio pasar al panadero, contó mentalmente hasta siete y salió despacio. Completó con cuidado la curva sobre la rampa de entrada en la avenida y enderezó hacia la camioneta con un brusco acelerón. Sabía que cuando contara diecinueve, la camioneta iría llegando al portón; pero él debía aminorar la velocidad y mantenerse detrás de la última cuesta, para que el custodio no lo viera. Y cuando contara veintiocho, debía dejarla ir.

Apagó el motor y al asomarse a la cima de la cuesta, sesenta metros más adelante, vio la camioneta traspasando el portón. En ese momento él contaba treinta y tres. El conteo, comprobado muchas veces, con largavistas, había sido perfecto.

Apagó el motor y se dejó ir cuesta abajo por la fuerte pendiente.

Cinco metros antes del portón vio al custodio de lado, que se dirigía a la garita.

Y empuñó el hacha.

«Tiempo de matar...»

9

Martes, 07:15

Patrick O'Donnell, cuarenta y seis años, ex marine, veterano de Vietnam, trabajaba desde hacía once años en Star Security. Su valerosa defensa de un banco en Beverly Hills le había costado cinco meses de hospitalización por fractura múltiple de fémur y rodilla. Una ráfaga lo había alcanzado al saltar en *barrel roll* sobre uno de los mostradores. Interrumpida su carrera de karateka cuando se preparaba para alcanzar el segundo dan, el mundo se le vino abajo. Abstemio místico, como muchos hijos de padre etilista, volcó en la gula parte de su frustración. A los dos años del accidente, había aumentado de ciento ochenta a doscientas sesenta libras. Sus jefes en la Star necesitaban custodios atléticos y apuestos, y le advirtieron que si engordaba una libra más se diera por despedido. Patrick necesitaba de su puesto. En ninguna parte podría ganarse los cuarenta y cinco mil anuales que le pagaba la Star. Allí tenía una historia y un *goodwill* a los que no podía renunciar. Tampoco podía renunciar a Sally, mujer autoritaria y consumista, ni a sus dos hijos adolescentes, que usaban el pelo corto y creían en él.

En su última dieta, había optado por no desayunar más en la casa. Al lugar que le asignaran, llevaba un termo de café amargo. No ingería nada sólido hasta el regreso, a eso de las cuatro, en que hacía una sustanciosa comida omnívora. Reconciliado con la vida, respiraba hondo y se dormía frente al televisor. Aquella rutina y unos desganados ejercicios de madrugada, le habían permitido bajar consistentemente doce libras por mes. Cuando ya había perdido unas cuarenta, comenzó a custodiar la casa de Margaret Gaylord adonde, a las 7:15, diariamente, llegaba la camioneta del pan.

Durante los primeros días, tras abrir el portón y volver a cerrarlo desde la garita, montaba en la camioneta junto al panadero y lo escoltaba hasta la entrada de la cocina, a los fondos de la casona. El aroma de la harina caliente que prodigaba el interior del vehículo le infligió la primera derrota en su última dieta. Admitió que tras haber bajado cuarenta libras, bien podía permitirse dos panecillos mañaneros que lo ayudasen a sobrellevar la amarga soledad de su café. De todos modos, Sally no se enteraría. Y en efecto, a pesar de los dos panecillos, había seguido bajando sus doce libras mensuales, por lo que poco después añadió un poquito de azúcar al café, y más recientemente, un suspiro de mantequilla en los panes.

En cuanto supo que Angelo, dueño de su propio establecimiento, era a la vez el chofer de la camioneta del reparto, Patrick había dejado de escoltarlo. Al entrar, el panadero le pasaba los panecillos sin bajarse, recibía las monedas, y seguía hacia los fondos para que la cocinera hiciera su selección del día.

Aquella mañana, como de costumbre, Patrick vio la camioneta aparecer sobre la loma, de frente al portón, a unos trescientos metros. No hubiera podido ver la moto que la seguía, porque aún no había escalado la cúspide.

Cumpliendo su rutina, se volvió hacia la mesita donde tenía la radio y el teléfono; cogió el termo; se sirvió su café para que se le fuera entibiando; presionó el botón que hacía correr la reja, y bajó los tres peldaños de la garita para recibir el pan.

A sus espaldas, una moto bajaba lentamente la cuesta, con el motor apagado.

Patrick llevaba una hora calculando los minutos que le faltaban para su mejor momento de la mañana. Por consejos de un gordo experto, ese día iba a inaugurar una práctica de masticación lenta, a fin de que el pan le durara más tiempo en la boca. Con cierta maestría, el gordo aseguraba que cada panecillo podía durarle media hora en la boca, con la ventaja adicional de que, por el cansancio de la sostenida masticación, tragarse el último bocado resultaba menos dramático; un alivio casi.

Patrick O'Donnell ignoraba que jamás volvería a masticar pan, ni lento ni rápido. Así estaba urdido su destino.

Saludó al italiano, extendió el brazo hacia la ventanilla, recibió los panes, comprobó que estaban calentitos y tostados, tragó su postrera saliva, y se volvió hacia la garita para cerrar el portón. Encandilado por la contemplación de los panes, no prestó atención a la motocicleta que entraba desde la costanera. Al oír el estruendo de la embestida, intentó volverse pero la motocicleta ya había entrado y lo arrolló de lado. Ni siquiera alcanzó a manotear el arma. Un hachazo le había partido el cráneo. Los panecillos rodaron sobre el césped. No eran para él.

El de la camioneta lo había visto todo por el retrovisor y aceleró hacia el fondo, a refugiarse en la casa. La moto le dio alcance cuando ya adentro, intentaba cerrar la puerta de la cocina. El hacha se le incrustó en el cuello. A la cocinera, una mexicana que comenzó a dar alaridos con una cuchara de madera en la mano, la desmayó de un puñetazo al mentón.

El desconocido oyó otra voz femenina desde adentro que gritaba en español; luego el repique sordo de quien baja aprisa una escalera de madera. Cuando desde el patio le llegaron voces de hombre, se escondió tras la puerta y sacó la pistola. Eran las 07: 18.

07:22

Sobre el piso del cuarto contiguo a la cocina, yacía el cadáver del panadero. Juan, el jardinero chicano, estaba sentado con ambas muñecas esposadas: la izquierda, al tobillo derecho de Carmen, la mucama salvadoreña que lloraba boca abajo; y la derecha, al tobillo izquierdo de Lupita, la cocinera, que rezaba algo ininteligible sobre el gran charco de sus propios orines.

Mientras, el desconocido arrastraba el cuerpo de Patrick O'Donnell para ocultarlo bajo el piso elevado de la garita. Precaución innecesaria, porque en cuanto cerrara el portón, sería imposible que lo vieran desde afuera. Detrás de las rejas, una alta y espesa barrera de cactus protegía desde hacía treinta años la intimidad de las estrellas que habitaran la casona. Jamás un periodista intruso consiguió sacar fotos desde la calle, ni penetrar en los jardines.

El motociclista entró en la garita, descolgó el teléfono, se agachó para leer las instrucciones al pie del panelito automático y apretó el botón rojo, donde decía CLOSE. En efecto, el portón se cerró.

Regresó al fondo. Junto al garaje yacía el cadáver del chofer, un negro gigantesco. Dudó si arrojarlo al fondo de la piscina contigua o esconderlo en el garaje. Se decidió por el garaje y regresó al cuarto de la cocinera.

Antes de entrar, se quitó el casco y los espejuelos oscuros, sacó de su mochila una capucha blanca y se la puso, cerró la gruesa puerta de hierro que comunicaba la cocina con el patio, asegurándole el cerrojo; pasó al *pantry*, y cerró la puerta de acceso al garaje. Recorrió la planta baja y verificó que los otros dos accesos de la casa estuvieran debidamente cerrados. Clausuró todas las ventanas.

En el cuarto de la cocinera, tomó asiento junto a una mesa pequeña, sacó del bolsillo de su guerrera un mazo de tarjetas blancas, un bolígrafo, y escribió, en español:

¿DÓNDE TOMAN EL DESAYUNO

LOS DUEÑOS DE ESTA CASA?

El jardinero se apresuró a responder:

—Eso depende, señor.

El encapuchado le hizo un gesto para que siguiera hablando.

El hombre carraspeó, miró a la cocinera que seguía boca abajo murmurando por la salvación de su alma, y por fin, con una expresión culpable, comenzó a exponer, en un español mexicano muy agringado.

—Por lo general, ellos bajan al *dining room*; pero otras veces, se hacen servir *upstairs*, en el saloncito, o en su habitación, o en....

La mucama, como si adivinara el trágico destino de sus patrones, intensificó su llanto. El encapuchado le dio una fortísima palmada en una nalga y el sollozo reprimido se convirtió en hipo.

¿DÓNDE VAN A DESAYUNAR

HOY Y A QUÉ HORAS?

El jardinero sacudió a la cocinera y leyó la pregunta en voz alta.

Ella interrumpió el rezo y con una voz apenas audible, marcando mucho las eses, dijo:

—No lo sé, porque llegaron muy tarde; pero si el tiempo está bueno, bajan a la piscina y nomás allí se toman sus jugos.

¿SE ENCIERRAN CON LLAVE EN SU CUARTO?

El jardinero desvió la vista y la cocinera no respondió.

El encapuchado señaló a la mucama. El jardinero le explicó:

—El señor dice que si tú sabes...

Ella volvió a sollozar y recibió otra nalgada más fuerte.

07:31

John dormía desnudo, destapado de la cintura para arriba. Margaret se había despertado casi una hora antes, y pensaba en la velada de la noche precedente. Habían cenado en Woodland Hills, en casa de los Cooper. Y aunque estaban presentes dos Óscares de actuación, un Pulitzer de literatura, otro novelista famoso, más varios guionistas y directores de cine, la vedette de la noche había sido John desde que comenzara a referir historias de su infancia. Morris, embelesado por el relato, declaró que John tenía el supremo don de la literatura oral. Lo comparó con Homero y los juglares. John estaba en vena; y como en lugar de los habituales *causeurs* monopolistas de la sobremesa, encontrara esa noche un raro auditorio dispuesto a oír, se había animado a beber más de lo usual. Desinhibido, se puso a remedar los distintos estilos de chuparse el dedo que tenían él y sus tres hermanos. Logró una comicidad tan intensa que Lynn Warren, algo borracha ya, comenzó a orinarse sobre el asiento, y tuvo que salir corriendo.

Era un poeta, John; y vivir a su lado, un privilegio. La evocación de su tío Larry, que no podía ver un frasco de medicina porque se lo tomaba como si fuera licor, estaba inundada de una poesía nostálgica, salpicada de apuntes ingeniosos y de una aprehensión de la realidad sólo asequible a los seres muy inteligentes y sensibles. Margaret había encontrado en John una cantera invalorable para su dramaturgia. Ya había comenzado a plagiarlo y él se mostraba complacido. Sin embargo, cuando Reynolds le preguntó por qué no escribía, esquivó la respuesta: dijo que no sabía escribir: confundía la y con la jota, y la ele con la ge. Reynolds se molestó; pero John, con el arma invencible de su auténtica humildad, le pidió disculpas. Dijo que se sentía ridículo y un poco humillado ante varios creadores célebres, cuando se sorprendía a sí mismo dando disculpas por no saber escribir. No escribía, por lo mismo que no pilotaba aviones ni coleccionaba orquídeas. Sencillamente, no sentía el impulso. «¿Y el impulso de contar oralmente?», había objetado Morris. La respuesta de John había sido convincente: cuando él contaba alguna historia, era porque le producía placer repensarla en voz alta. Se olvidaba de los interlocutores y dejaba fluir los detalles al ritmo de su evocación. Sabía que la letra escrita no le permitiría ningún goce. Tendría que frenar el flujo de los recuerdos, encontrar palabras adecuadas, adornar las ideas, buscar formas originales, y eso le produciría angustia. Pero por encima de todo, él nunca había pretendido trascender. Y volviendo al tono jocoso, reveló que no aspiraba a la celebridad ni a ningún premio, porque ya había ganado demasiados. Ante la expectativa creada, declaró haber triunfado, como Diógenes, sobre sus pasiones, sobre el miedo, sobre los errores que le inculcaron sus padres y maestros, sobre la pobreza de su origen; y por todo eso, ya se había otorgado a sí mismo varios premios, para él más valiosos que un Nobel. Además, casado con un talento literario, la posteridad de sus mejores ocurrencias estaba garantizada.

En las dos últimas comedias que preparaba Margaret, la materia prima anecdótica y muchos bocadillos, procedían de John. Ella no había conocido a nadie que tuviera su singular combinación de pensamiento por imágenes y capacidad para integrar conocimientos y teorizar en frío. Aquella noche, sus anécdotas y comentarios sobre la guerra del Golfo fueron una disertación magistral, llena de cordura y sincera emoción. Los demás le dedicaron un silencio que sonaba a aplausos. Al despedirse, casi todos les ratificaron u ofrecieron su amistad y su casa. Ella sabía que sola nunca hubiera podido cautivarlos tanto.

Sí; Margaret admiraba a John, y esperaba mucho de sus contribuciones. Había dado con un genio auténtico, para nadie más que ella. Nunca había estado tan convencida como aquella mañana. Si lograba ponerlo en función permanente de su dramaturgia, ella se aseguraría un puesto en el Parnaso, junto a O'Neill y a Thornton Wilder. Bien que había valido la pena vivir, sufrir, matar. John, ese caudal de poesía y verdad, era su recompensa. Recordó que a Lynn y Edith se les iban los ojos; pero John, que seguramente lo había advertido, redobló sus atenciones con Margaret; le encendía los cigarrillos como si aún la estuviera cortejando y constantemente le tomaba una mano, o la miraba con su ternura omnisciente.

Llevaban juntos tres años, en un permanente *crescendo* afectivo. Nada en su experiencia era comparable a la necesidad que tenía de él, en todo momento. Con Roff había sido muy feliz, y cuando murió y ella fue a la cárcel, pensó que atrás quedarían sus mejores años. ¡Qué equivocada! La vida junto a Roff había sido un gran juego; y como todos los juegos, una ingeniosa evasión. Con John, en cambio, vivía por primera vez una realidad intensa, que partía de ser ella misma, sin tapujos ni ficciones. Y él la amaba por eso; por ser la que era, con su historia en blanco y negro. Aunque con diferentes contenidos, ella y John tenían muchos hitos coincidentes: rechazo adolescente a la familia, vagabundajes por el mundo, homicidios por dinero, cárcel, absoluta racionalidad, rechazo de todos los ismos; obediencia a los instintos; el orgullo de habérselas ingeniado para sobrevivir sin humillaciones en este mundo de mierda, gobernado por el dinero y la tradición; amor a los libros, a la verdad por encima de todas las cosas, a las personas humildes, a los animales, a la delicadeza en el trato cotidiano. Era un milagro que hubieran podido juntarse y reconocerse dos seres tan complejos. Complejos y complementarios. Margaret se había preguntado muchas veces qué sería de ella si perdiera a John. Por supuesto, no se mataría. Se refugiaría en el trabajo; sólo podría vivir recoleta, entregada a escribir sus memorias, para evocarlo a diario. Sí, perderlo sería una forma de morir. Y sería despedirse para siempre del sexo. John era el único que para hacerle el amor, necesitaba mirarla a los ojos. Decía que sólo podía excitarse mirando hacia adentro de las mujeres. Poco le importaban sus masas eróticas, si los ojos de una amante no sabían hablarle. Al principio aquel singular estilo amatorio le había parecido una cortesía, y una forma de anular la diferencia de edades y atractivos físicos, entre una mujer de cincuenta y tres años y un hombre, atlético por cierto, de cuarenta y uno. Pero al cabo de tres años juntos, ella supo que era verdad. Mientras en su cuerpo conservara una chispa de sexualidad y en su cama a John, Margaret ejercería como mujer hasta una avanzada edad.

John era, además, el único ser humano, hombre o mujer, por el que ella hubiese sentido un definido impulso maternal. Se complacía en alisarle el baño, peinarlo, hacerle las uñas, comprarle regalos. Y él le era de una devoción perruna. Jamás demostraba interés por salir de casa solo. Se interesaba en su trabajo, le ayudaba a pensar las tramas. Cuando algo le sugería algún recuerdo, ponía a su disposición un anecdotario profuso e inspirado. Era su compañero, su amante, hijo, padre, secretario; y sobre todo, su poeta. Imposible imaginar, cuatro años antes, que un hombre menor que ella ocupara semejante espacio en su vida.

Él se volvió de lado, entreabrió un ojo, y le sonrió. Ella le tomó una mano y con la otra comenzó a acariciarlo. A él le gustaba que le pasase lentamente las puntas de las uñas, desde las sienes hasta lo alto de la cabeza, sólo en sentido ascendente. Por complacerlo y oírlo gemir de placer gatuno, ella era capaz de pasarse horas con aquella caricia.

De espaldas a la puerta del dormitorio, Margaret no advirtió que el pesado picaporte de bronce repujado se movía muy lentamente hacia abajo. Siguió rascando a John, y soplándole el rostro. Ella trataría de dormir otro poco, quizá hasta las ocho. Luego invitaría a John a la piscina, y se irían a almorzar a Los Ángeles. Por la tarde tenía cita con su agente.

El picaporte, perfectamente aceitado, reluciente, en constante pero imperceptible movimiento, llegó a la posición de los veinte minutos.

Margaret observó un par de canas en el entrecejo de John. En cuanto se despertara, se las quitaría con una pinza. Quizá le recortara un poco los mechones de las sienes, que le habían crecido demasiado. Le observó también unas diminutas verruguitas en los párpados. ¿Colesterol? Lo llevaría a que se lo midieran.

El picaporte marcaba veintiocho minutos.

Margaret comenzó a adormecerse. Soltó la mano de John, y pasó el brazo por debajo de su almohada. Muy tenue, como venido de una lejana y helada llanura, se oía el *Invierno* de Vivaldi.

El picaporte retrocedió rápidamente a su posición inicial y en la puerta se oyeron tres golpecitos.

Margaret se acodó en la cama. ¡Qué raro! Debía de ser Carmen. ¿Por qué no la llamaba por el *intercom*? ¿Se habría descompuesto?

Volvieron a tocar.

Contrariada, se destapó y saltó de la cama. John profirió un murmullo y se volvió de espaldas, hacia el otro lado.

Ella enganchó los pies en sus pantuflas y caminó desnuda hasta la butaca de cuero *capitonné*, donde había dejado su salto de cama. Se asomó a la ventana y no vio ningún vehículo en el jardín.

Los golpecitos se repitieron más fuertes. Ella se arregló un poco el pelo con las manos y acudió a abrir.

En la puerta no había nadie.

Al dar un paso para asomarse, apareció ante ella un encapuchado que la empujó brutalmente hacia adentro. Margaret cayó de costado contra la pared de madera, del otro lado. Su grito de espanto despertó a John que se irguió de un salto. El encapuchado, con un bate de béisbol entre las manos, lo derribó de un formidable golpe sobre la oreja derecha. John atinó a cubrirse con un brazo en alto y sintió crujir los huesos de la muñeca. Ya en el piso, el encapuchado le quitó el aire con una patada brutal en las costillas. Ella intentó erguirse y el encapuchado la agarró de los pelos, la arrastró a los pies de la cama y le esposó una muñeca a la pesada pata de madera torneada. John gemía, aturdido. Era un montón de carne inerte. Margaret se lo imaginó roto por dentro y comenzó a sentir una rigidez detrás de las orejas. El horror había sido en su vida una palabra abstracta, casi exclusivamente una interjección; pero ahora, en tres segundos, se había llenado de contenido físico: una cosquilla le subió desde la nuca hacia el cuero cabelludo, como si un peine eléctrico y muy frío le erizara los pelos.

El desconocido dejó a un lado el bate y cargó a John por las axilas hasta sentarlo en la butaca. De una mochila que puso en el piso, sacó un alambre fino, y le hizo con él una corbata en el cuello.

Ella comenzó a implorarle.

—¡Por favor! Pídame lo que quiera, tengo dinero, mucho dinero, no lo vamos a denunciar, déjelo, no le haga daño, le damos lo que usted nos pida, por favor, señor, yo comprendo, yo también he necesitado dinero y lo he robado, yo he matado, señor, usted lo necesita y nosotros tenemos, no hace falta violencia, hablando nos podemos entender, yo accedo, accedo a todo lo que usted pida –y al ver que el desconocido seguía dándole vueltas al hilo en el cuello de John, se tapó los ojos y se echó a llorar, pero siguió hablando–: Si John tiene alguna cuenta vieja con usted, yo se la pago triplicada, cuadruplicada, lo que usted me pida, pero nada va a ganar ahorcándolo.

Una vez sujeto el cuello, el desconocido enderezó un poco a John en la butaca, y pasó los hilos tras el espaldar, para luego cruzarlos bajo las patas traseras, y amarrarlos en un nudo múltiple.

Al ver que no lo había ahorcado, Margaret trató de recuperar la calma.

John había abierto los ojos. Con una mano, se sostenía la muñeca, por debajo. Miró al encapuchado con serenidad y dijo:

—Dinos qué quieres.

El hombre sacó sus tarjetas y garabateó, en inglés:

A COLD BEER

—¿Una cerveza fría? —repitió John, para que Margaret entendiera.

—Tómela del *freezer* —dijo ella—, y señaló hacia una puerta de caoba, empotrada en el sándalo claro que tapizaba el dormitorio.

El hombre caminó hacia el lugar indicado, inspeccionó lo que había y no encontró sino cerveza en botellas.

Volvió a sus tarjetas y escribió:

I DON'T LIKE BOTTLES I LIKE BEER IN BLUE CANS

—Entonces —dijo ella—, baje y pídala a los sirvientes.

Decidió mentir. Escribió:

ALL ARE DEAD I KILLED THEM

John bajó la vista y ella, al inspirar con horror, dejó escapar un gemido sordo.

—¿Qué quiere de nosotros, por favor?

El encapuchado, sin responderle, salió del cuarto.

—Es un loco homicida —dijo ella—. ¿Qué hacemos?

—Contarle nuestras vidas, exagerar un poco, entretenerlo, dar tiempo a que la Security llame a la puerta, no sé... —dijo John, e hizo un gesto de dolor, con los ojos vueltos.

—¿Te ha hecho mucho daño?

—Muñeca y costillas rotas.

El encapuchado, volvió a aparecer en la puerta. Traía una lata azul, de cerveza barata. Se dirigió al televisor, lo encendió, tomó de la cama un par de almohadas y las puso en el suelo junto a Margaret. Destapó su cerveza, acomodó las almohadas para que le sirvieran de respaldo, se sentó en el piso y pasó una mano por encima del hombro de la mujer. Estuvo unos minutos mirando un programa infantil, mientras le acariciaba distraídamente un brazo.

Margaret interrogaba a John con desesperación en la mirada.

Él, por gestos, le hizo entender que mientras más se demorara el desconocido, mejor sería para ellos. A pesar del evidente dolor que surcaba su rostro, la instó a mantenerse serena. Eran las 7:51.

08:05

La Star disponía de cuatro teléfonos exclusivos, para comunicación de sus custodios con el centro en Los Ángeles. Los fundadores de la compañía, chapados a la antigua, confiaban más en el servicio telefónico del estado de California, que en los modernos sistemas de microondas, fax, modems, correo electrónico y la mar en coche, que los sacaban de paso. Y su paso, antes de convertirse en policías retirados, era el de los años cincuenta. Era un buen paso, que no necesitaban apurar simplemente por estar a la moda en comunicaciones.

Así, todos los custodios que trabajaban para ellos, reportaban por teléfono, cada hora, la situación de sus respectivos. Cada reporte se hacía en pocos segundos. El custodio se identificaba por su código y decía: «Aquí 127: todo normal»; o en caso de que necesitara comunicar alguna observación de interés para la seguridad del lugar a su cargo, debía reducir el mensaje a menos de un minuto de duración. Y los custodios disponían hasta de un minuto, de modo que cada teléfono de la Star pudiese reservarse para sesenta custodios. Con cuatro líneas cubrían ampliamente las necesidades de sus doscientos doce clientes habituales.

Patrick O'Donnel debía llamar puntualmente durante el minuto cuatro de cada hora. Aquel martes había reportado normalmente a las 06:04 y 07:04, pero al no recibirse en L.A. su llamada de las 08:04, a las 08:05 lo llamaron a él, sin obtener respuesta. Sin embargo, se oía timbrar el teléfono de la garita. Entonces, llamaron a la casa. La primera llamada tampoco recibió respuesta.

08:06

El encapuchado, de pie ahora, junto a la mesa, terminó de contar el dinero sacado del cofrecito y lo puso en su bolso. Tomó la llave de donde ella le indicara y abrió la gaveta. Con toda calma, se puso a examinar las joyas. El teléfono volvió a sonar.

John y Margaret entrecuzaron una señal de acuerdo y John se dirigió al encapuchado.

—Esa llamada —explicó John— es de la compañía de seguridad que cuida nuestra casa. Como no recibieron el reporte del custodio, están telefoneando por si ha pasado algo.

El hombre apuró la lata de cerveza, se bajó de la cama, escribió algo y se lo entregó a Margaret:

REPEAT IN SPANISH

Ella le repitió lo mismo en español y añadió:

—Algo tenemos que responderles, porque si no, en veinte minutos a más tardar estará aquí la policía. Podemos decirles que mi marido se accidentó y el custodio lo ha llevado al hospital o algo así... Por favor, puede confiar en nuestro interés por que usted logre escapar.

Como única respuesta, el desconocido se quitó la capucha y se quedó mirándola sonriente. Buscó en el bolsillo de la chaqueta una tarjeta blanca:

¿NO ADIVINAS QUIÉN SOY?

A pesar de que el tipo había pasado a expresarse en español, no parecía ser un latino, ni nadie que ella conociese. Era un hombre casi calvo, de ojos claros, pelo y barba muy blancos. Con la capucha puesta, lo había imaginado mucho más joven. Sin embargo, al verlo caminar de perfil, le pareció conocerlo.

El teléfono seguía sonando.

En ese instante, Margaret tuvo la certidumbre de que iba a morir. Ella y John iban a morir muy pronto. Si el hombre se había quitado la capucha, era porque ya no temía que lo reconocieran. Margaret comenzó a perder control sobre sus esfínteres.

El hombre se acuclilló a su lado. Se recogió la barba y le mostró una cicatriz de bala, en el cuello. El teléfono volvió a sonar.

Ella seguía mirándolo aturdida. Sin duda, era un loco psicópata que venía por John. ¿Por qué le mostraría aquella herida?

Su única esperanza era lo que pudiera hacer la Star. Lo mejor sería darle conversación. Sí, contarle su vida, por ejemplo. Era lamentable que John le hubiera dicho lo del teléfono.

El hombre se dio la vuelta y se quitó la chaqueta y la camisa. Tenía en la espalda otra cicatriz. ¿Acaso un veterano de Vietnam que había venido para vengarse? ¿Algo que John nunca le dijera?

El hombre se quedó mirándola fijo. Se inclinó y sacó otra tarjeta blanca:

¿VERDAD QUE NO ME CONOCES AMOR?

Margaret sintió que no debía dejarse dominar por el espanto ni la inminencia de la muerte. Quizá el hombre era un loco, un escapado de un manicomio. Debía ganar tiempo, hablarle, sí, entretenerlo. ¿Cómo era que a John no se le ocurría nada?

—Esas joyas valen más de cien mil dólares —dijo ella—; y si usted permite que mi marido salga, puedo ofrecerle otros cien mil.

Hizo una pausa. John le cabeceó, animándola.

—¿Eh? ¿Qué le parece? —prosiguió—. Yo me quedo aquí, en sus manos, para darle garantía de que no...

Él la mandó callar con un gesto brusco de ambas manos. Hurgó en su mochila, sacó un sobre, y de él una foto, que le tendió, haciéndole ademán de que la tomara.

Ella tenía los dedos agarrotados y casi no podía mover el brazo. Se sentía a punto de perder el sentido.

Cuando el desconocido le puso la foto frente al rostro, vio...

¿Cómo?

Entrecerró los ojos. Era una foto vieja.

¿¡Ella!? ¡Pero si era ella misma!

Sí, en traje de baño, en aquella malla sexy, escandalosa y rojiblanca que usara... ¡en Cuba! ¡Que usara aquella unica vez en que él se lo pidiera...!

¿Él? Sí, el que aparecía sentado a su lado, al borde de la piscina.

¡¡¡¡Él!!!!

Al comprender que Tony Santa Cruz estaba vivo, y que lo tenía delante, Margaret se defecó de golpe. Un alarido espantoso recorrió la casona. Abajo, la cocinera y la mucama se hacían cruces y lloraban a gritos.

Tony caminó hasta donde había dejado el bate, ella no podía hablar, no podía pensar, no podía sino aullar y ver, y arañarse el rostro, y mientras aullaba, era como si estuviese cayendo en un abismo, sólo deseaba morir, morir cuanto antes, vio a Tony, bate en mano, que daba un paso atrás para tomar distancia y destrozaba la cabeza de John a batazos, uno, dos, tres golpes feroces, el cuerpo inerte de su amado sacudido por los impactos como un muñeco, y ella, en agónico silencio, sin respirar, agarrotados todos los músculos, la cabeza de John echada hacia atrás, Tony lo degolló lentamente, de oreja a oreja, sangre abundante que cubrió pecho y vientre desnudos, y ella sintió contraerse su boca, irse de lado, torcerse, ¿una pesadilla? no, su boca se torcía, se le fruncían los labios del lado derecho y por el izquierdo se le estiraban dolorosamente, hasta ponerse verticales y tiesos junto a la mejilla mientras ella vaciaba sus entrañas y temblaba, el corazón le había dejado de latir durante varios segundos y ahora recomenzaba con furia, sin control, ella se acurrucó, en posición fetal, pero no obstante, vio a Tony, que con las manos ensangrentadas, se sentaba en el piso frente a ella y se limpiaba las manos en su salto de cama, ella quiso cerrar los ojos pero no pudo, el izquierdo comenzó a crecer, a hincharse y endurecerse, como si quisiera estallar o salírsele, y lo último que vio, fue a Tony Santa Cruz que sacaba de su bolso una pinza y un serrucho.

Margaret murió de un paro cardíaco.

Él comprendió que estaba muerta: sin abandonar el ovillo que se había hecho, estiró de golpe una pierna, embadurnada de excrementos.

Tony arrojó la pinza y el serrucho dentro de la bolsa y comenzó a llorar, cabeceando una negativa. Once años había esperado aquel momento. Había soñado con dejarla mutilada, muerta en vida como él. Había pensado arrancarle con la pinza pedazos de la cara, una oreja, serrucharle los senos, pero dejarla con vida, convertida en un desecho; pero ella se le había escapado. Por su culpa. ¿Qué necesidad tenía de matar antes al tipo? Aunque sí, había planeado hacerlo, tenía que destrozar, ante ella misma, lo que más amaba. Ojo por ojo.

Se puso camisa y chaqueta, recogió el bate y bajó del cuarto, destruyendo todo lo que encontraba a su paso. Descabezó una estatua, apuñaló un biombo chino, rompió cristales, espejos, jarrones, prendió fuego a una cortina.

Se movía sin prisa.

Sacó su moto del garaje y se acercó al portón. Le daba igual que lo interceptaran. Echaba un poco de espuma por la boca. No le importaba morir peleando a tiros con la fiana gringa.

Pero nadie se le atravesó. Con toda calma se apeó, entró en la garita, abrió el portón, y media hora después, abandonaba la moto a un costado del parque Hollenbeck, en el este de Los Ángeles.

Ya más sereno, sintió deseos de matarse. ¿Qué sentido tenía su vida ahora? Caminó sin mirar, durante tres, cuatro horas, hasta que el agotamiento lo obligó a detenerse. Entró en un bar. Pidió una botella de whisky. Sola, sin soda ni hielo. Puso sobre el mostrador un billete de cincuenta dólares. El camarero miró subrepticiamente la hora y asintió sin decir palabra. Le alcanzó la botella y mientras preparaba el cambio, lo miró de reojo empinarse medio vaso.

10

Tráeme un par de lague pa'cá, Carola. ¡Oye, qu'estén bien fríos! Beto, mi hermano, cómo extraño el lague de allá, socio. La de etiqueta, vaya, hasta la pirey, compadre, que la de aquí es meao. Vaya, aquí vienen. ¿Qué te parece? ¡Pilsen legítima, mi hermanito! ¡El mejor lague del mundo! Ah, pa' que tú vea, los checos le vendieron a la mierda esa del comunismo y ahora la traen p'acá. En La Habana es donde no se empatan má con un lague de estos. Hasta que no cambie aquello. ¡Ahhhh! ¡Qué ricura, socio! Bueno, qué, ¿cómo le va a mi hermanita en Jersey City? Debe de estarse muriendo de frío. Usté es el uno, compadre. La vio, la ligó, se casó y se la llevó enseguida. Coñó, no nos dejaste ni tiempo pa' respirar. Me alegro, Beto, de verdá que sí. Yo ya pensaba que Ana se iba a quedar solterona. ¡Sí, mi hermano, porque el mundo es así! Bonita, buena gente, y se iba a quedar sola. Oye, y uno ve cada mierda por ahí que se casan dos, tres veces. Pa'l carajo. No, con mamá no hay problema, dile a Ana que no se preocupe. Ya tú viste a Carola, se porta con mamá como si fuera su hija. ¡Ah, claro, mi hermano, cómo no va a cuidar a mi mamá! P'algo yo soy su macho, ¿no? ¡Carola! ¡Carolaa...! ¡Oye, trae un poco'e maní...! ¿Qué? ¡Da lo mismo, almendras, chicharrones, lo que te dé la gana! Pero trae algo, ¡ah, y repite el lague! Pues sí, Beto, aquí me ves, yo que estaba esmerilao en el pueblo. No me ha ido na' mal. Aunque extraño aquello. Sí, coño, no te ría. ¿Los cinco años que m'eché en el tanque? Na', la cárcel se hizo pa' los hombres. Además, se entra y se sale. Pero es del carajo, uno vive cincuenta años en un lugar y, no te creas, empezar de nuevo es de pinga, socio. Otro país, otro idioma, hasta otras mujeres. ¿Tú te has fijao en lo falta'e culo que son las gringa esta? La suerte e' que por aquí hay mucho hispano, vaya, gente de allá, colombianos, nicas, el coño e' su madre. No, ya te lo dije, no me pueo quejar. El negocio va bien. Desde que es mío, me ha dejao como cuarenta mil limpios. Ja, ja, ja, claro, mi hermano, siempre se pega algo por abajo'e de mesa. Tú también estás levantando presión, ¿eh? Oye, mi hermano, si te hace falta algo, dilo. Coño, que no se diga que no ayudé a mi cuñao. ¿De verdá? Bueno, como quieras. Vaya, aquí vienen los suministros. *Quick delivery*, le dicen aquí. Carola, mi vida, siéntate un ratico y tómate un lague con nosotros. Qué va a decir Beto. ¿La vieja? Ah, verdá. Bueno, atiéndela y ven p'acá, ¿sí? Pues, mi hermano, nadie puede decir aquí en Hialeah que Rafael *el Guagüero* no le ha tirao un cabo a sus amigos cuando se lo han pedido. Mira a Tony, el Mudo. Sí, ése mismo. ¿Ana te habló de eso? ¡No me diga, mi hermano! Na' fue un enamoramiento sin mucho lío. Sí, yo creo que ella se hizo ilusiones, pero el tipo se evaporó. No, no, buena gente y hombre a to. En el tanque me salvó el pellejo. Y vinimos junto p'acá, vaya, nos la jugamo en un bote, mi hermano. No sé, él e'un tipo raro. Se perdió de aquí como año y pico. Alégrate, ahí entraste tú y enganchaste, ja, ja. No te pue'es quejar. Pues el tipo se apareció ahora, de vuelta, y le volví a tirar un cabo. Ahí está, en el rastro, mecaniqueando, y por la noche, de guardia. Yo le pago bien, porque una cosa e' darle la mano a un socio y otra aprovecharse de él. Y Rafael *el Guagüero* no le hace una mariconá a un compatriota, y meno' a uno que se ha portao bien con él. Vive en un trailer d'eso, no sale a ninguna parte, se pasa la vida leyendo revistas viejas y mirando un cajón de recortes de periódico que tiene abajo'e la mesa. Pa mí que está medio tocao. Imagínate, mi hermano, que el tipo no bebía, no fumaba, na' de na', se metió to'ese tiempo perdío por ahí y volvió hecho un curda, con una rubita guaricandilla, sí, una yanqui flaquita y cochina con too los brazos llenos de pinchazos. ¿Que si le daba a...? Seguro, mi hermano. Yo creo que hasta el Mudo le da ahora. Oye, la lagartija aquella a veces andaba volando, con los ojos muy abiertos y con ganas de templarse a un burro. ¡Tremenda bola'e mierda! Pues como te decía, el Mudo se me aparece en el trailer ese, y me dice que si pue' trabajar otra ve' en el rastro. ¡Qué tú cree' que le respondí! Pue' que siempre podía contar conmigo. Vaya, verdá que la flaca'e mierda esa no me gustó ni un poquito así. Una fresca, bocasucia, siempre hablando basura de los hispanos. Sí, la muy penca creía que yo no sabía inglés, y la velé, un día que el Mudo estaba liquidao, vaya, con una curda'e muerte, y la saqué a patás del rastro. ¿Que qué dijo? Se cagó'el susto, socio. Oye, le saqué el yerro que tengo en la gaveta de la oficina y le dije bajito: *fok aut of jiar bich, ai kil yu.* ¡Se la puse en China! Óyeme, se le quitó la juma de un tiro, recogió sus cosas y salió echando pa' la pinga de aquí. Más nunca l'he visto la cara. Pero a él, que es mi socio, no le dije ni cojone. Mientras me cumpla y no me forme lío, me importa un carajo que se dispare too el alcol y too los pito que le salga'e la picha. Eso no e'asunto mío. ¿Qué? ¡Dime, Carola! ¿Que ya va a empezar? Dale, mi hermano, agarra el lague y vamo'a ver el juego. Coño, el Oakland, socio. Y tú verá qué clase de jonrón va a pegar Canseco hoy. Oye, cuando el blanco ese se para en jon y se cuadra, con el bate apretao... ¡Cojone! Me parece estar viendo a Cheíto Rodríguez en el Sandino. Por la pura que sí, mi hermano...

APÉNDICE

LÉXICO DE CUBANISMOS

Aguaje: Fanfarronería, alarde, autobombo.
Apotalar: Inmovilizar una balsa por medio de un objeto pesado que se deja colgando de ella en el agua.
Asere: Amigo, hermano, camarada.
Astilla: Dinero.
Bala: Cigarrillo.
Balcón: Cara, aspecto físico. Sin.: *Balconería.*
Beril: Canto donde se inicia un talud o declive de la plataforma insular. Frente a La Habana se reconocen dos beriles.
Bisne: Negocio ilegal (corrupción de *business*).
Bolá (*o volá*): Cosa, asunto.
Botero: Taxi viejo, que monta a varias personas por un precio fijo.
Burujón: Montón.
Butin: De buena calidad, fino.
Caballito: Policía de tránsito.
Cana: *En cana:* preso, en la cárcel.
Caña: Unidad monetaria, peso. Sin.: *Baro, jan, guayacán.*
Cará: Carajo. *Ni un cara*: nada; *Y el cará*: etcétera.
CDR: Comités de Defensa de la Revolución, cuyos miembros vigilan las calles entre once de la noche y cinco de la mañana.
Cojonal: Gran cantidad.
Combinado: Cárcel de La Habana; por extensión, la prisión.
Comefana: Comemierda.
Conecto: Contacto.
Copón: *...y el copón divino*: ...y la mar en coche.
Cranear: Pensar. Sin.: *Darle cráneo.*
Cranque: *Dar cranque:* alentar, animar a alguien a hacer algo.

Cundango: Tipo flojo; homosexual.
Chequear: Controlar; vigilar. (Del inglés *to check.*)
Chiva: Chivato, soplón.
Dado: El dado se puso malo: la cosa anda mal, el negocio no va.
Diente de perro: Roca muy filosa e irregular, frecuente en zonas de arrecife.
Encarnarse: Perseguir, vigilar, molestar con insistencia. Sin.: *Ponerse pa'uno.*
Esmerilado: Sin recursos, sin dinero.
Facho: Robo, asalto.
Fajón: *Meter un fajón*: Requebrar, hacer la corte, tratar de seducir.
Féferes: Enseres, pertenencias.
Fiana: Policía.
Filtrar: Razonar, entender. *Filtrar un mazo*: Pensar con claridad e inteligencia.
Filtro: Persona muy inteligente.
Fiñe: Niño, chamaco, chaval.
Fula: Dólar.
Galleta: Bofetada.
Gallo: Tipo, individuo.
Gaznata: Bofetada, puñetazo.
Guagua: Autobús.
Guagüero: Conductor de autobús. Por extensión, todo el que trabaja en el transporte público de autobuses.
Guanajo: Pavo. *Ni la cabeza de un guanajo*: Ni nada parecido.
Guapo: Matón; o bien parecido.
Guara: *Querer guara*: Querer entablar un negocio, un vínculo, una relación amorosa.
Guaricandilla: Jovencita disoluta o grosera, de baja estofa, prostituta eventual.
Guillao: En secreto, tratando de pasar inadvertido.
Hierro: Arma.
Jama: Comida, alimento.
Jamón: *Un jamón*: algo fácil; *De jamón*: fácilmente; *Dar jamón*: exhibir partes eróticas; *Estar de jamón*: estar al alcance de cualquiera.
Jamonear: Toquetear, rozar, sobre todo nalgas, en las apretazones del transporte colectivo.
Jeba: Mujer.

Jelengue: Trastorno, molestia, «chingadera».

Jinetero: El que trafica con divisas y negocios de mercado negro. El femenino se aplica, sobre todo, a la prostituta en busca de turistas y pago en moneda extranjera.

Laguer: Cerveza.

Lanchero: Persona que ha tratado de salir ilegalmente de Cuba, por mar.

Legislar: Pensar, meditar.

Ligar: Conquistar, camelar; *ligar(se):* vincularse.

Loro: Tipo de pez, común en aguas de la plataforma cubana.

Maceta: Persona adinerada, que se ha enriquecido en negocios sucios.

Mango: *Le ronca el mango*: ¡Qué fenómeno! ¡Qué increíble!

Mayimbe: Jefe, persona que ocupa un alto cargo. Sin.: *Yimbe.*

Mazo: Cf. *Filtrar.*

Mocho: El cabo o colilla de un puro.

Moña: Asunto.

Muela: Charla persuasiva; *Bajar, dar, sonar una muela*: Dar una charla. Sin.: *Dar un teque.*

Palanca: Influencias.

Pájaro: Homosexual. Sin.: *Cundango,cherna, pato, yegua.*

Pata: *De primera y pata:* de improviso, sin preámbulo.

Penco: Tipo flojo, poco varonil. Persona de poca valía.

Perros: Así se llaman, en la jerga de los pescadores furtivos, las lanchas patrulleras del Cuerpo de Guardafronteras. También, por extensión, en la jerga del bajo mundo llaman así a los miembros de la policía u otros cuerpos represivos.

Picúa: Barracuda.

Pincha: Trabajo. *Pinchar*: trabajar.

Pingúo: De grandes dimensiones viriles; bien dotado; valiente, audaz. Sin.: *Cojonú.*

Pirey: Cerveza de baja calidad.

Pistear: Exhibirse.

Pito: Cigarrillo de marihuana.

Pitoche: *Ni pitoche*: Nada.

Pitusa: Bluejeans.

Prieto: Negro.

Propela: Hélice.

Pura: *La pura:* la madre.
Quilo: *Un quilo*: un centavo. *Al quilo*: Al pelo, perfectamente.
Ran: Interjección que anuncia una acción inmediata. Suele ir frecuentemente unida a «hacer así y»: *Entonces, ran, hice así...*
Sector: Demarcación. *Jefe de sector:* Oficial de policía a cargo de una demarcación.
Serrucho: *Ir al serrucho*: Dividir a partes iguales.
Sigiliarse: Volverse suspicaz, sospechar.
Singao: Jodido, chingado, culeao, hijueputa, maricón; con diferente énfasis en una u otra acepción, según el contexto.
Singueta: Relación sexual. Sin.: *Templeta.*
Tabaco: *Un tabaco*: Un puro, un habano.
Tain: *Pedir un tain* (del inglés *time*), es una expresión del béisbol que significa «pedir una tregua, una pausa».
Tanque: Cárcel, prisión.
Tao tao: Patatín patatán.
Tema: *Sin tema:* Sin problemas, no hay de qué hablar.
Templar: Realizar el acto sexual, follar.
Teque: Charla persuasiva, rollo. Sinónimo de «muela» en su uso general, pero designa más particularmente la arenga política o moral.
Timbiriche: Negocio de poca monta.
Tiñosa: *Aura tiñosa:* Zopilote, ave de rapiña que se alimenta de carroña. Tarea desagradable.
Tiquitiqui: Conflicto, discusión, disputa.
Tonga, tongón: Pila, montón.
Tracatán: Servidor, adulón.
Trajinar: Estafar, embaucar, hacer burla.
Trompeta: Delator, soplón. Sin.: *Chiva.*
Trova: Historia, cuento, embuste.
Trozo: Pene. Sin.: *Pinga, morronga, cabia.*
Vacilar: Disfrutar, gozar.
Vacilón: Goce, disfrute.
Viaje: *A viaje*: Seguro.
Vivac: Establecimiento de prisión preventiva.
Volá (o bolá): Asunto, problema, lío.
Yegua: Homosexual. Sin.: *Cherna, cundango, loca, pájaro.*
Yuma: Estados Unidos.